Mrs. Arthur

Vol. 2

Frau Oliphant

Writat

Diese Ausgabe erschien im Jahr 2024

ISBN: 9789359943060

Herausgegeben von
Writat
E-Mail: info@writat.com

Inhalt

KAPITEL I.

A RTHUR CURTIS dachte erst Tage später an den Brief, den der alte Davies ihm gegeben hatte. Es war zerquetscht in seiner Manteltasche, der Anblick seiner Schwester und all die konkurrierenden Gefühle der Zeit hatten es aus seinem Kopf verbannt; und was könnte an einer solchen Kommunikation zu einem solchen Zeitpunkt angenehm sein? Eine letzte Predigt an ihn über seine Torheit, eine letzte Ermahnung vor all den schrecklichen Folgen seiner Schuld – davon hatte er, dachte er, genug, und er hatte sich an seinem Hochzeitstag mit einer solchen Mitteilung nicht unglücklich machen wollen . Auch ohne das war es keine ungetrübte Freude, auch wenn es sich dabei nicht um ein Geständnis handelte, das er sich selbst gegenüber ablegte, zumindest nicht in Worten. Aber der Anblick der Schrift seiner Schwester machte ihn fast krank, als er sie schließlich sah. Es ist schon schlimm genug, wenn Ihnen gesagt wird, dass der Kurs, den Sie einschlagen, ruinös ist, wenn Sie mit diesem Kurs völlig zufrieden sind. aber das gesagt zu bekommen, wenn einem der erste Schock des Zweifels, der erste scharfe Verdacht eines Fehlers in den Sinn gekommen ist, ist unerträglich. Man kann annehmen, dass Arthur sich nicht eingestanden hatte, dass dies bereits wenige Tage nach seiner Heirat der Fall war. Er war der „glücklichste aller Menschen“; Die Gesellschaft seiner Braut war süß für ihn, und ihre Zärtlichkeit bereitete ihm trotz allem eine exquisite, unbeschreibliche, alles durchdringende Freude. Ist der plötzliche Schock über die absolute Identifikation zweier unterschiedlicher Menschen, des einen mit dem anderen, jemals für den ersten Moment ein unverwechselbares Glück? Zumindest für Arthur war es das nicht. Und Nancy gehörte nicht zu den willfährigen, gutmütigen Frauen, die ihre eigenen Gewohnheiten und Verhaltensweisen denen ihrer Ehemänner unterordnen. Arthur hatte diese Gewohnheiten genau genug gekannt; aber die veränderte Beziehung brachte eine völlige Veränderung des Aussehens mit sich, die ihn selbst in Erstaunen versetzte. Bisher hatte er die Rauheiten und Einfachheiten einer Rasse, die sich von seiner eigenen so sehr unterschied, ebenso pikant bewundern oder ebenso amüsant lachen können; aber plötzlich hatte sich in seinen Gefühlen ein völliger Unterschied ergeben. Da er nun für diese Besonderheiten verantwortlich war, wurden sie für ihn beunruhigend; Er sah sie mit den Augen anderer Menschen, seiner Mutter, seiner Schwester, sogar von Durant, der sich wundern und entsetzen würde, wenn er Arthurs Frau so benehmen würde. Sie war nicht länger Nancy Bates, das Mädchen, für das er bereit war, die Welt zu riskieren – sondern ein Teil von ihm selbst, an dem sein eigener Charakter, sein eigenes Wesen beteiligt war. Das machte in allem den seltsamsten Unterschied. Er hatte es schon seit einiger Zeit gespürt, aber es war von dem Moment an, in dem die Tochter des Steuereintreibers zu seiner Frau wurde, in voller Kraft. So war er nicht amüsiert, sondern verärgert gewesen, als sie in dieser lachsfarbenen „Seide“ aufgetaucht war. Dass die Tochter von Mrs. Bates das einzige schöne und glitzernde Kleidungsstück tragen sollte, das sie besaß, um ihrem Bräutigam Ehre zu erweisen und die Augen aller Betrachter an ihrem Hochzeitstag zu blenden, wäre dabei nicht eine gewisse Angemessenheit gewesen die Unangemessenheit, eine *sancta simplicitas* , die ihn bezaubert hätte? Aber plötzlich wurde es Arthur viel klarer, dass seine Frau es besser wissen sollte, als in einem rosa Seidenkleid auf eine Reise zu gehen; Als er jedoch versuchte, sie mit allerlei Täuschungsargumenten dazu zu verleiten, ein passenderes Kleid zu wählen, indem er behauptete, dass der dunkelblaue Serge oder die dunkelbraune Merinowolle in den Geschäften wärmer, bequemer und bequemer und weniger anfällig für Verwöhnungen wäre, Nancy war nicht überzeugt von allen anderen falschen, aber wahren Gründen, die ihm einfielen, warum er es vorzog.

„Du sollst mich nicht schlecht machen, Arthur, das kann ich dir sagen“, sagte sie. „Ich habe nicht geheiratet, um in dieser ärmlichen Kleidung durch die Welt zu gehen, wie eine Schneiderin; und nach Frankreich, wo sich jeder so gut kleidet!“

Dies geschah während der zwei oder drei Tage, die sie ehrlich gesagt absichtlich in London verbrachten, um ein passendes Outfit für sie zu besorgen; aber nur Arthur, nicht Nancy, war sich dieses wahren Motivs für die Verzögerung bewusst.

„Mein liebes Mädchen, wenn sie sich gut kleiden, dann dadurch, dass sie für alles die passenden Kleider haben, nicht dadurch, dass es ihnen gut geht“, sagte Arthur, der mit seiner Weisheit am Ende war.

"Bußgeld! „Du meinst, ich bin schick gekleidet“, rief Nancy mit zunehmender Farbe, „und das ist schwer, denn es wurde alles getan, um dir zu gefallen; Ich dachte, du würdest mich gern sehen. Früher war es mir egal, welche Kleidung ich trug; aber ich – und auch Mama – haben versucht, euch so gut wie möglich zur Schau zu stellen!“

Was blieb Arthur übrig, als zu beteuern, dass er sie mehr liebte, wenn das möglich wäre, wegen der Mühe, die sie sich gegeben hatte, um ihm zu gefallen, und dass er das lachsfarbene Kleid hübsch fand; aber nach einer Weile kehrte er zum Angriff zurück. „In Frankreich“, sagte er mit der Miene einer Autorität, „sind sie großartig darin, für jeden Anlass ein Kleid zu haben.“ Ihre Kleider für den Morgen tragen sie abends nie, und ihre Reisekleider –“

„Aber meine Güte!“ rief Nancy, „was für eine extravagante Art und Weise! Für Herzoginnen und große Damen mag das alles in Ordnung sein; aber das würde für ein armes Mädchen wie mich niemals genügen.“

„Du vergisst, dass du überhaupt kein Mädchen bist, geschweige denn ein armes", sagte er und verfolgte seine List, „sondern eine verheiratete Dame, meine Nancy." Meine Güte, das ist kein schöner Eid; Er schluckte es jedoch hinunter und wagte nicht, es mit einer heimlichen Grimasse zu korrigieren.

„Ja, das ist alles schön und gut", wiederholte sie, „aber trotzdem sind wir arm genug. Ich werde kein bisschen reicher sein, als ich war. Ich bin vielleicht großartiger, ich weiß es nicht; denn deine Leute haben dich verstoßen, Arthur, das darfst du nicht vergessen."

"Oh! meine *Leute* !" schrie der Unglückliche leise; Das Wort tat ihm wider Willen weh. Er war nicht einmal so zart gewesen; Aber das war für Arthur wie ein Schlag in die Rippen. Es ließ ihn aufschreien, obwohl er den Schrei unterdrückte.

„Nein, ich halte nicht viel von dem, was Sie sagen, wenn das französische Mode ist", sagte Nancy, „englische Mode ist viel besser. Anstatt sich den ganzen Tag lang umzuziehen und Zeit zu verschwenden, ist es so praktisch, einfach ein Stück Spitze einzustecken und die Vorderteile zu verdoppeln, und schon hat man ein wunderschönes Kleid für den Abend; Das ist es, was ich mag. Es ist nicht nötig, die Kartons auszupacken und ein weiteres Kleid hervorzuholen, es ist im Handumdrehen erledigt. Du musst zugeben, Arthur, dass dafür die englische Mode am besten geeignet ist."

Armer Arthur! Er dachte an die kleinen, einfachen Toilettenartikel seiner Schwester, so frisch, so frisch, so schlicht! und er wusste es nicht – welcher dumme junge Mann weiß es jemals? dass, während der Putz eine einfache Sache ist, diese zierlichen Nüchternheiten der Kleidung die höchste Quintessenz der Kunst darstellen. Hat die bezaubernde, bescheidene Braut in Romanen, in denen es vor allem um junge Frauen gegenüber jungen Männern und um junge Männer gegenüber jungen Frauen geht, nicht immer einen makellosen Kragen und Manschetten parat, die für jeden Notfall bereit sind und sie bei allen Gelegenheiten exquisit machen? Warum hatte Nancy nicht das Geheimnis dieses kleinen Kragens und der schneeweißen Manschette?

Dies alles ist jedoch eine Abweichung von dem Brief, den er in seiner Tasche gefunden hatte, nachdem er ihn am Morgen seiner Hochzeit dort verstaut hatte. Nach diesem Gespräch riss er es ungeduldig auf. Wusste er nicht genau, was darin sein musste? Aber es war besser, einen Blick darauf zu werfen und sofort damit fertig zu sein. Er fand jedoch, dass es sich so sehr von dem unterschied, was er vermutete, dass der kleine Brief ihn völlig außer Gefecht setzte und ihm die Kraft raubte. Er las es zuerst mit so großer Überraschung, dass er seine Bedeutung kaum begreifen konnte, und als er es vollständig beherrschte, brach ein abrupter Tonabbruch höchst unverständlicher Art aus.

"Was ist los?" rief Nancy; sie hatte halb Angst. Sie kam zur Tür des inneren Raumes, in dem sie sich befand, und blickte auf ihn hinaus, halb bekleidet und in den Schal gehüllt, den Matilda ihr geliehen hatte. „Lachst du oder weinst du?" Vielleicht war es ein wenig von beidem gewesen; aber auf jeden Fall hatte es die Tränen in seinen Augen zurückgelassen.

„Sehen Sie", sagte er mit unsicherer Stimme, „das ist der Brief, den mir der alte Davies am Dienstag gegeben hat." und dann fügte er leiser hinzu: „Gott vergib mir, ich verdiene es nicht", mit einem halben Schluchzen.

Ganz kühl nahm Nancy den Brief entgegen. Sie wusste instinktiv, was es sein musste. Es war in einer ziemlich unleserlichen, aber hübschen Handschrift geschrieben, die der spitzen Präzision ihrer eigenen ganz und gar nicht ähnelte, aber ihr irgendwie überlegen vorkam.

„Ich gehe morgen zu deiner Hochzeit, Arthur, mein Lieber; Nicht um dich zu sehen, sondern um da zu sein, damit es jemanden gibt, der dich trotzdem liebt. Das versteht sich immer von selbst. Wir glauben, dass Sie möglicherweise nicht genug Geld haben, um alles zu tun, was Sie wollen, deshalb waren wir gerade bei der Bank, um das zu besorgen. Lieber, lieber Arthur, Gott segne dich! Mama schüttelt den Kopf, aber sie sagt es trotzdem.

„ Lucy. "

Und dann wurde von anderer Hand hinzugefügt:

„Sicherlich sage ich es, sicherlich muss ich es immer sagen. Und Gott vergib dir, oh mein grausamer Junge."

Nancy grübelte einige Zeit darüber. Sie begann es laut vorzulesen und las es falsch, so dass es einen lächerlichen Klang bekam; dann lachte; während Arthur einen wütenden Schritt auf sie zu machte, um es ihr aus der Hand zu nehmen. Dann wurde sie ernst, was ihren Verstand steigerte und sie dazu brachte, ihre Lektüre schweigend zu beenden. Als sie damit fertig war, warf sie es ihm zu, ließ die beiden beiliegenden Geldscheine zu Boden flattern, drehte sich wortlos um und schlug die Tür gewaltsam vor seinem Gesicht zu. Er fing den Brief auf; aber die beiden Fünfzig-Pfund-Noten lagen zwischen ihm und der Tür, zerknittert von Nancys wütenden Fingern. Für den Moment stand er wie versteinert da, zu überrascht, um verletzt oder wütend zu sein. War dies die Art und Weise, wie seine Frau zum ersten Mal an ihr Mitgefühl appellierte? die erste Erwähnung derjenigen, die ihm, wie Arthur sich plötzlich erinnerte, neben ihr die Liebsten auf der Welt waren? Irgendwie hatte er das bis jetzt vergessen; aber es leuchtete ihm plötzlich auf; eine Art Offenbarung. Gewiss war es so; Waren seine Mutter und seine Schwester nicht seine liebsten Freunde, die großzügigsten und freundlichsten? War es möglich, dass seine Frau diesen Brief lesen konnte, ohne berührt zu werden? Und doch hatte sie es ihm zugeworfen, die Notizen zerknüllt wie Altpapier.

War das die Haltung, die sie seiner Familie gegenüber einnehmen wollte? und er war ihr gegenüber so tolerant gewesen!

Als sie sich wieder trafen, sagte Nancy kein Wort zu diesem Thema. Sie sah aus, als hätte sie geweint; sagte aber nichts und stürzte sich mit ungewöhnlichem Interesse auf ein gleichgültiges Thema. Aber es war nicht vernünftig, dass der Ehemann von drei Tagen die Angelegenheit so ertragen konnte. Sobald er die Gelegenheit dazu hatte, sagte er etwas über den „Brief meiner Schwester". „Dank der Rücksichtnahme meiner Mutter werden wir jetzt etwas mehr Geld zum Ausgeben haben", sagte er.

„Oh, deine Mutter!" Sie warf sich von ihm weg und errötete rot – eine Farbe, die Wut bedeutete, wie er bereits wusste.

„Ja, meine Mutter", sagte er, „warum sollte ich nicht von meiner Mutter sprechen? Ich finde es nie seltsam, Nancy, dass du an deines denkst."

"Meins!" rief sie und drehte sich mit blitzenden Augen wieder zu ihm um, „ihre Gedanken waren ebenso sehr bei dir wie bei mir." Sie war zu dir genauso freundlich wie zu mir" (das brachte Arthur zum Nachdenken; aber was konnte er darauf antworten?), „aber in dem ganzen Brief findet sich kein Wort von mir, kein einziges Wort, obwohl sie wussten, dass ich es tun sollte Sei deine Frau, wenn du es bekommst."

„Was könnten sie sagen? Sie kannten dich nicht, Liebling, und ich war dumm gewesen, ich hatte nicht geschrieben, um dich zu versöhnen, wie ich es hätte tun sollen; sondern um ihnen zu trotzen. Was könnten sie sagen?"

"Sagen! Es ist genauso gut, als hätten sie gesagt: „Sie bedeutet für uns nicht mehr als der Dreck unter unseren Füßen." Sie konnten nichts gegen mich tun oder etwas gegen mich sagen, also behandeln sie mich, als ob ich es nicht wert wäre, bemerkt zu werden; oh, das meinen sie! Sie denken, wenn sie so weitermachen, würden sie dich wieder zu ihnen zurückbringen und dir einreden, dass ich es nicht wert bin, an mich zu denken. Oh, ich kenne die Art von Frauen!"

„Du irrst dich, Nancy, ich bin sicher, dass du dich vollkommen irrst."

„Ein tolles Angebot, das merkt man! Sie werden dir nicht zeigen, was sie wollen. Sie werden Sie beruhigen und dafür sorgen, dass Sie nicht misstrauisch werden. Oh! Ich sage Ihnen, ich kenne die Sitten von Frauen."

„Du kennst meine Mutter und Lucy nicht", sagte er und versuchte, sich ihr entgegenzustellen, „sie sind nicht wie die Frauen, die du …"

„Nicht wie die Frauen, die ich kenne? Ich wusste, dass du dazu kommen würdest", sagte sie heftig. „Oh, ich wusste es in dem Moment, als ich sie sah; aber noch nicht, nicht so schnell wie jetzt." Und Nancy, wirklich verletzt von ihrem unnötigen Zorn, brach in feurige Tränen aus. Es waren Tränen, die glühend heiß und verbrühend gewesen sein könnten, als sie in einem heftigen Gewitterschauer herabflossen. Er hatte noch nie einen solchen Strom gesehen und stand wie vom Blitz getroffen da; nicht so geschmolzen wie zuvor, als Nancy auf diese Weise bewegt wurde. Auch hier gab es eine Veränderung. Er blieb stehen, er eilte nicht zu ihr und benutzte alle Schmeicheleien, die ihm einfielen, um dem unerträglichen Schauspiel ihrer Not ein Ende zu bereiten. Er ließ sie weinen. Er war verwirrt über den plötzlichen Ausbruch; und ein scharfer Anflug von Scham für sie vermischte sich mit dem Schmerz, den sie ihm bereitete. Er schämte sich, dass *seine Frau* so ungerecht war, so voreilig in ihrem Urteil, so gewalttätig in ihren falschen Ideen. Als er tatsächlich zu ihr ging, geschah dies langsam, mit einem Zögern, das ganz anders war als die Eile des Liebhabers. Dass sie *jetzt* so dumm sein sollte , war das nicht etwas Abfälliges für ihn?

„Nancy", sagte er, „ich kann mir nicht vorstellen, wie du so – unfreundlich sein kannst. Glauben Sie, dass ich Sie beleidigen möchte oder dass *sie* Sie beleidigen wollen? Natürlich wissen Sie, dass sie wollten, dass ich jemanden heirate – besser dran; jemand, den sie kannten."

„Oh, lass mich gehen", schrie sie und würgte vor Schmerz und Wut zugleich, „ich werde zu meiner Mutter zurückkehren; und du kannst zu deinem gehen, an den du so viel denkst. Was bedeutet das für ein gewöhnliches Mädchen wie mich!"

„Ich glaube, du versuchst mich in den Wahnsinn zu treiben", sagte er, „habe ich jemals zwischen dir und meiner Mutter geschwankt? aber ich sehe jetzt, wo ich falsch gemacht habe; Ich hätte zu ihr gehen und mich mit ihr anfreunden sollen, anstatt mich ihr zu widersetzen. Ich hätte dich zu ihr bringen sollen –"

„Mich genommen!" Sie sprang auf und sah ihn an, zitternd vor Aufregung und Wut. „Hat *mich genommen* ! " Soll *ich* zu Leuten herumgeschleppt werden, die mich nicht wollen, zu Leuten, die es wagen, mich zu verachten?"

„Nancy!"

„Nancy! Das ist alles, was du mich jetzt nennen kannst. Ich war deine Liebe und dein Liebling; Jetzt sind wir verheiratet, und ich bin gefesselt und kann nicht freikommen, und du nennst mich Nancy! Oh! wenn es alles noch einmal passieren würde, und ich wüsste, was ich jetzt weiß!"

„Was zum Teufel wissen Sie jetzt, was Sie vor einer Woche noch nicht wussten?" er weinte mit einer unbeschreiblichen Ungeduld; und doch war er halb zum Lachen geneigt. Dass das leidenschaftliche Geschöpf, das sich ihm widersetzte und in impulsivem Zorn aufflammte, sich über das Fehlen dieser Lieben, Lieblinge und zärtlichen Worte ärgerte, mit denen er bisher ihre

Ohren so heftig gestreichelt hatte, dass es den Wunsch hegte, jedes Band zwischen ihnen zu lösen, traf ihn mit Betroffenheit ein plötzliches Gefühl der Absurdität ihres Streits. Er ging plötzlich auf sie zu und nahm sie in seine Arme. „Aber du *bist* mein Schatz", sagte er, „trotzdem; obwohl du der Unvernünftigste, der Aufbrausendste und der Provokativste bist. Süß! Was ist für mich jeder auf der Welt im Vergleich zu dir?"

Damit endete der erste Streit, wenn auch nicht ohne erheblich mehr Ärger. Nancy sah vielleicht auch die Torheit dieses unmöglichen Kampfes ein und gab nach einer gewissen Menge an Schmeicheleien, Überredungen und Zärtlichkeiten nach. Und die Wolke verzog sich so vollständig, dass er zu seiner großen Überraschung diese verzweifelte Braut am nächsten Morgen überreden konnte, sich das Reisekleid zu besorgen, das er ihr gewünscht hatte, und sich allgemein zurückzuhalten und es sich warm und bequem zu machen und weniger Bußgeld. Zwei Tage später überquerten sie den Kanal, mehr Liebende als je zuvor; Aber sie verriet ihre jüngste Hochzeit nicht mehr in ihrem Aussehen, mit Nancys „Seide", die sorgfältig auf dem Boden ihrer Schachtel verpackt war, und sich selbst in einem dunkelblauen Kleid und einem kleinen Federhut, der mehr wie Mrs. Arthur Curtis aussah, als es Nancy Bates jemals getan hatte Vor. Arthurs Herz schlug hoch vor Stolz und Freude, als sie zusahen, wie die weißen Klippen verschwanden. Nancy mangelte es nicht an einem gewissen natürlichen Gefühl, denn sie war noch nie außerhalb Englands gewesen, und es schien ihr eine großartige Sache zu sein, außerhalb ihres eigenen Landes und am Rande eines „fremden Landes" zu sein. Aber zum Glück war die Passage sehr gut, so dass sich mit diesem zarten Bedauern kein minder gehobenes Gefühl vermischte. Er hatte sie jetzt selbst in der Hand, sagte sich der Bräutigam; alle ihre Vorfahren wurden zurückgelassen, das Zuhause und die Verwandten wurden glücklich losgelassen und alle Einflüsse ihres neuen Lebens um sie herum dienten dazu, sie von der Vergangenheit zu entwöhnen. Und wie fügsam sie sich bereits gezeigt hatte, wie bereitwillig, sich überzeugen zu lassen! ein zartes Geschöpf, das sein Diktat sanft annahm, zwei Minuten nachdem sie in Rebellion gegen ihn ausgebrochen war; der über den Brief seiner Schwester empört gewesen war (und er war, wie Arthur sich eingestand, böse auf Lucy, eher wie ein boshaftes Mädchen, wie Nancy sagte, ganz zu schweigen von ihr in dieser kleinen Notiz, die so sanft und friedlich sein sollte -Herstellung) und hatte es dann so offen verziehen, dass sie einen Teil des Geldes verwendet hatte, das Lucy geschickt hatte. Könnte sich ein Mann, dieser unvernünftige, inkonsequente, törichte, großzügige, hitzköpfige, weichherzige Liebling, etwas Besseres wünschen, als sie ganz für sich zu haben, um ihre eigensinnigen Füße in die Fußstapfen seiner Frau zu führen? Das schäbige kleine Haus, die dürftige Form des Daseins in Underhayes (undankbarer junger Mann! Es war ihm ein idyllisches Leben voller edler Einfachheit und Poesie vorgekommen, als er sie zum ersten Mal kennengelernt hatte) lag weit zurück, und solange die Bewährung dauerte, schien es so zu sein natürlich, dass England selbst aus dem Blickfeld verschwindet und alles Vergangene vergessen wird; Bis er seine Braut nach und nach in jeder Hinsicht als Dame nach Hause bringen würde, so wie sie war, versicherte er sich im Herzen. In der glühenden Fantasie eines jungen Mannes ist es so einfach, diese Veränderung herbeizuführen. Ebenso ist es in vielen Romanen sehr schnell und mit wunderbarer Leichtigkeit und Vollständigkeit erledigt; und wie gesagt, wo anders als in Romanen hätte Arthur Erfahrung in der Behandlung von Fällen wie seinem eigenen sammeln sollen? Während dieser Reise verlief alles gut. Es war ein wunderschöner Tag im frühen Winter; So warm und sanft der November manchmal auch sein kann, im Gegensatz zu seinem gewöhnlichen Elend sind das Meer und der Himmel gleichermaßen blau; und wenn der Wind kalt war, was war davon, die Sonne schien so warm, dass sie den Wind neutralisierte. Und Nancy war jetzt zumindest gut verteidigt und brauchte keine Angst mehr zu haben. Ihre Wangen glühten in der frischen Brise, ihre kleinen Aufschreie, halb erschrocken, halb vor Freude, als das Dampfschiff einen kleinen Schlag machte, der niemanden verletzte, entzückten Arthur. Sie klammerte sich an ihn und stützte sich neben ihm, indem sie beide Hände um seinen Arm legte, und dachte jetzt, da ihr Moment der Gefühle vorüber war, an nichts anderes als an die Aufregung dieser neuen Welt, in die sie eilte. Alle Wolken, die zuvor an ihrem Horizont gehangen hatten, schienen davonzuschweben.

„Ich habe darüber nachgedacht", sagte sie, als sie auf der anderen Seite in den Eisenbahnwaggon stiegen und Nancy ihre erste amüsierte Verwunderung und Verwirrung überwunden hatte, „alle reden zu hören und kein Wort zu verstehen." Sie hatten eine Kutsche für sich allein, obwohl das auf der anderen Seite nicht so einfach zu bewältigen ist, und Arthur, erfreut über seine Aufgabe, hatte begonnen, ihr kleine Phrasen in der Zunge beizubringen, was trotz ihrer vieldiskutierten früheren Studien der Fall war Nancy war eine ziemlich unbekannte Sprache. "Ich habe nachgedacht-"

"Was ist es? Etwas sehr Ernsthaftes, wenn man diesem ernsten Gesicht nachgeht."

"Ja; etwas sehr Wichtiges. Ich habe es mir immer gewünscht, aber sie haben mir nie nachgegeben. Nicht, dass Mama mich nicht ganz richtig fand, aber es ist sehr schwierig, in einer Familie eine Gewohnheit aufzugeben. Aber du musst es tun, Arthur; Bei dir ist das keine so alte Angewohnheit."

„Was soll ich denn so toll machen – mit dem Rauchen aufhören und meinen Schnurrbart abnehmen?"

"Oh! NEIN!" rief Nancy entsetzt. „Das Schönste an dir!" was Arthur sehr gefiel, denn es war noch neu genug, um ihm ungeheuchelten und ehrlichen Stolz zu verschaffen. „Aber ich werde dir sagen, was es ist. Nancy ist so vulgär, so gewöhnlich, kein Name für eine Dame; und es wird hier im Ausland nicht gut klingen, wo die Leute so hübsche Namen haben. Nennen Sie mich Anna – das habe ich mir schon immer gewünscht. Ich wurde Anna Frances getauft, wissen Sie."

„Und ich konnte mir nicht vorstellen, wer sie war, als sie mich heirateten", rief Arthur. „Ich werde dich nennen, wie du willst, mein Schatz; aber Nancy gefällt mir am besten."

Haben jemals junge Menschen mit einem besseren Verständnis eine Flitterwochen-Expedition begonnen? Er plante hundert Orte und Unternehmungen, zu denen er sie mitnehmen sollte. Jeden Abend Theater! – Wie Nancys Augen funkelten! und der Louvre, von dem sie durchaus bereit war zuzugeben, dass er sehr schön sein musste, ohne zu wissen, was es war; und die Tuileriengärten mit der Musikkapelle und die schönen Geschäfte auf den Boulevards. Schon der bloße Anblick dieser Köstlichkeiten verzauberte jede Braut. Sie sollten überall hingehen, alles sehen, herumlaufen und umherfahren, immer diese beiden Dinge zusammen – niemand, der sie störte; und das Theaterstück jeden Abend! Was könnte sich eine Braut mehr wünschen?

KAPITEL II.

PARIS mit all seinen Lampen und Schaufenstern faszinierte Nancy. Es war vor der Zeit, als von der strahlenden Rue de Rivoli, durch die sie zu ihrem Hotel fuhren, Ruinen zu sehen waren. Als sie die ausgedehnten Lichtkreise auf dem Place de la Concorde und die lange Reihe von Lampen unter den Torbögen sah, glaubte sie, es sei eine Erleuchtung, und konnte sich nicht davon überzeugen, dass sich die hellste aller Städte jede Nacht auf diese Weise schmückte. Und als sie am nächsten Morgen ihre Augen öffnete und die strahlende Wintersonne erblickte und die Helligkeit und Fröhlichkeit von allem um sich herum sah, war Nancy ziemlich außer sich. Sie war noch nie zuvor in einem großartigen Hotel gewesen, denn Arthur hatte sie in Londoner Unterkünfte in der Jermyn Street mitgenommen, die er gewohnt war und die nicht gerade umwerfend waren. Aber hier war alles schön, dachte Nancy. Sie hatten eine kleine *Wohnung* in einem der großen Hotels mit Blick auf den Garten der Tuilerien und einem kleinen Balkon; und vom weißen Teppich mit seinem Blumenstrauß und dem funkelnden Holzfeuer, das so hell und sauber war und den Sonnenschein so wunderbar ergänzte, bis zu den Spiegeln und Vergoldungen und den weißen Wandpaneelen – alles, was sie sah, erfüllte Nancy mit einem verwirrend köstliches Gefühl, den Gipfel der Feinheit und Pracht erreicht zu haben und tatsächlich eine Dame zu sein, fast eine Prinzessin, eingebettet in einer Laube der Glückseligkeit. Nichts, was sie in all ihrer begrenzten Erfahrung jemals gesehen hatte, war auch nur halb so großartig; und die geräuschlosen Kellner, die mit jedem erdenklichen Luxus auf und ab rannten, und das köstliche Essen und die ständige Bedienung verwirrten ihr ungewohntes Gehirn. So lebten damals großartige Menschen! mit Teppichen wie Samt, mit Satin überzogenen Sofas, einer Schar eifriger Diener, die herausfinden wollten, was sie wollten, und ihnen alles brachten, was man sich nur vorstellen konnte; Spiegel, um sie von allen Seiten zu reflektieren (Nancy war sich noch nie so sicher über den *Sitz* ihres Kleides gewesen oder wusste so gut, wie ihre Figur aussah – und es war eine sehr hübsche Figur). Kein Wunder, dass sie glücklich waren! Als sie gefrühstückt hatten, kam eine hübsche Victoria mit einem Pelzteppich, der ihre Knie bedeckte, zur Tür, und in ihr fuhren sie umher und machten sich einen Überblick über Paris, wie Arthur es nannte, seine hübschen Straßen, seinen Fluss und seine Kais. seine Boulevards, die Champs Elysées, strahlend im Sonnenschein, mit dem großen Bogen am Ende. Als Arthur anhielt, um ihr Notre Dame zu zeigen, war Nancy zwar respektvoll, ließ aber an Interesse ein wenig nach. Es machte ihr Angst, so kurz nach ihrer Heirat mitten an einem Wochentag in die Kirche zu gehen. Ihrer Meinung nach war die Kirche sonntags da und kein Ort, wo man hingehen konnte, um zu lachen und zu reden. Sie empfand es wie ein *Memento mori*, einen plötzlichen Kälteeinbruch in ihrer Hochstimmung, und vermutete, dass Arthur sie mit der Absicht dorthin brachte, sie an ihre Pflicht und ihr „letztes Ende" zu erinnern, was ein Vorschlag war, der ihr nicht gefiel.

„Jetzt werden Sie etwas ganz anderes in kirchlicher Hinsicht sehen", sagte er und hielt an einer anderen Kirche an, bevor sie zu ihrem Hotel zurückkehrten; denn er hatte das Gefühl, dass Notre Dame bei Nancy irgendwie keinen Erfolg gehabt hatte, auch wenn er nicht genau wusste, wie. Aber sie weigerte sich überhaupt, in die Madeleine zu gehen.

„Ich weiß nicht, warum Sie so darauf bedacht sind, dass ich die Kirchen sehe", sagte sie schmollend. „Ich wusste nie, dass du so religiös bist." Arthur beeilte sich, die Anschuldigung zu dementieren, wie man vermuten könnte, was ihm jedoch nicht gefiel. Er war nicht „so religiös", aber es gefiel ihm nicht, wenn Frauen so über die Sache sprachen – es sei „geschmacklos".

„Das liegt daran, dass das Gebäude in Ordnung sein soll", sagte er und stand an der Tür der kleinen Kutsche, um sie herauszugeben; aber Nancy lehnte entschieden ab. Wenn sie nicht an ihre Pflicht denken konnte, ohne in viele Kirchen mitgenommen zu werden, um dort an Religion, Sterben und dergleichen erinnert zu werden, fühlte sie sich überhaupt nicht geneigt, sich so belehren zu lassen – und sie kamen von dort herein Sie fuhren ein wenig schweigsam und waren nicht mehr so erfreut übereinander und über alles, was sie umgab, wie damals, als sie ausgefahren waren, obwohl Arthur seinerseits nicht die geringste Ahnung hatte, warum.

Das Mittagessen löschte jedoch jede Erinnerung an die Kirchen aus und gab ihr wieder das Gefühl, dass in ihrem jetzigen Anwesen alles herrlich sei. Nicht, dass Nancy *eine Feinschmeckerin war* oder sich gerne lange mit dem beschäftigte, was sie aß. Eines dieser schrecklichen Luxusgüter, in England als Badebrötchen bekannt, hätte sie, soweit es an Esswaren ging, genauso zufrieden gestellt wie das köstlichste kleine *Fricandeau* . Es waren die Accessoires der Mahlzeit, die sie beeindruckten: die unterwürfigen Begleiter, der ewige Service, die silbernen Schüsseln, die schönen Früchte auf dem Tisch und der Sekt, dessen Namen sie ihr ganzes Leben lang gehört hatte, als Krönung von Luxus, hatte ihn aber noch nie, nicht einmal in seiner billigsten Form, probiert. Nancy hatte das Gefühl, dass sie eine Menge Geld ausgeben mussten, um so zu leben. Aber sie war nicht mutig genug, sich in diesem Moment einzumischen, und in Arthurs Absicht lag eine unausgesprochene und subtile Schmeichelei, sie so zu behandeln, wie sie dachte, nur Prinzessinnen würden behandelt, die keine Bräute waren. Als Braut wusste Nancy, dass sie ein Recht auf alles hatte, was gut war. Sogar in ihrem eigenen Wissen wurden Opfer gebracht, um für den kurzen, aber wunderbaren Moment, in dem ein Mädchen diese offizielle Position innehatte, alles zu sichern, was besser war als sonst. Eine Braut hatte ein Recht auf eine Taxifahrt, wenn sie wollte – auf ein Glas Wein, wenn sie es mochte –, auf

Kuchen und Leckereien und auf viel Überreden und Bewunderung. Und ihr bestes Kleid zu tragen, wenn sie ausging, auch wenn es an einem Wochentag sein sollte. Arthur schenkte seiner Braut eine verherrlichte Version all dieser Freuden, mit Ausnahme der letzten, der hübschen Victoria anstelle eines Hansoms und dieser Expedition nach Frankreich und in andere unbekannte Regionen anstelle des Tages im Kristallpalast, den Mr. Raisins am liebsten hätte wahrscheinlich Sarah Jane vorschlagen; obwohl es seltsam war, dass er Einwände gegen ihre „Seide" hatte, das Einzige, von dem sie vollkommen sicher gewesen war, dass es richtig war. Unter diesem Gesichtspunkt gefiel ihr das köstliche Mittagessen; und als sie am Nachmittag wieder Arm in Arm spazieren gingen, versetzten die Geschäfte auf den Boulevards sie in Ekstase. Arthur war hier allen ihren Wünschen nachgekommen. Er war bereit, an den Fenstern zu stehen und hineinzuschauen, solange es ihr gefiel, und er ging mit ihr hin und wieder zu Handschuhgeschäften und Hutmachern und kaufte ihr hundert hübsche Kleinigkeiten. In jedem Laden, den sie betraten, waren sowohl Männer als auch Frauen so begierig darauf zu erfahren, was *Madame gefiel*, so begierig darauf, triumphierend zu beweisen, dass dies und das andere zu Madame passte, so offen bewundernd, so streichelnd eindringlich, dass Nancy den Kopf drehte. Es schien unmöglich, nicht an die plötzliche Begeisterung zu glauben, die sie hervorrief. Könnten es nur die Bänder, Kragen oder Handschuhe sein, die sie gekauft haben, die diese entzückenden Menschen zu solch herzlicher und offensichtlicher Bewunderung anregten? NEIN! Nancy konnte solch einen unwürdigen Gedanken nicht hegen. Es war ihre Freundlichkeit, sagte sie sich, und etwas noch Angenehmeres flüsterte in ihrem Herzen, dass es ihre eigenen Reize waren, die diese Menschen so freundlich machten. Hatte es ihnen nicht wirklich Freude gemacht, eine junge Braut wie sie selbst zu sehen, so schön, so glücklich, die alles gut aussehen ließ, was man ihr anzog? Nancy schmeichelte sich nicht auf diese offene Art, aber sie war erfreut und erfreut davon überzeugt, dass dies das Gefühl in ihren Köpfen war. Sie glaubte an ihre Aufrichtigkeit und daran, dass sie einen echten Eindruck auf sie hinterlassen hatte. Haben nicht alle kleinen und großen *netten* Menschen in Büchern auf diese Weise ihre Wertschätzung für die schöne junge Heldin zum Ausdruck gebracht? Nancy hatte noch keine Erfahrung mit dem Großen – und tatsächlich war es eine Anstrengung ihrerseits, sich die Gewissheit zu bewahren, dass sie selbst den Herren und Mätressen, den „jungen Damen" und „jungen" Männern überlegen war „Herren" in diesen sehr feinen Geschäften; Vor einiger Zeit hätte sie zu *ihnen* aufgeschaut ; Jetzt drehte sich dieses Bewusstsein um und verlieh ihrer Bewunderung und Begeisterung für Madame eine seltsame Schärfe.

„Wie lustig ist es", sagte sie, als sie auf den überfüllten Boulevard hinauskamen, wo die Lampen anzuzünden begannen, „Madamm genannt zu werden!"

Arthur sah bei dieser Aussprache etwas seltsam aus; aber er wagte nicht, Kritik zu üben. Es war notwendig, mit dieser empfindlichen jungen Frau ganz ruhig umzugehen. Er erzählte ihr einige hübsche Dinge, die Monsieur im Laden zu ihm gesagt hatte, während seine Frau Nancy mit ihren Waren beliefert hatte.

„Wenn Sie im Theater so viel Aufsehen erregen", sagte er, „was soll ich dann tun? Ich bin jetzt niemand. Ich bin Madames Dienerin, ihr unterwürfiger Ehemann."

„Reden Sie keinen Unsinn", sagte Nancy strahlend. „Was für lustige Leute die Franzosen sind! Machen sie immer Komplimente?"

„An Menschen, die ein Recht darauf haben, ja; an hübsche Leute und diejenigen, die gut bezahlen, und diejenigen, die ihnen wahrscheinlich glauben werden."

„Arthur, wie unfreundlich von dir! Ich glaube nicht, dass die Leute so unverschämt sind und Dinge sagen, die sie nicht so meinen. Man muss eine sehr schlechte Meinung über andere Menschen haben, wenn man das denkt."

Aber Nancy ihrerseits war nicht in Versuchung, so etwas zu glauben. Sie hatte eine sehr hohe Meinung von der französischen Nation. Wenn sie Arthur hätte aus dem Weg räumen können, dachte sie, sie hätte es gern auf eigene Faust mit einer kleinen Konversation versucht, denn es wäre herrlich, wie Arthur plaudern und mit jedem reden zu können; aber in seiner Gegenwart wagte sie es nicht. Wieder einmal kehrten sie in höchster Zufriedenheit miteinander und mit der ganzen Welt in ihr Hotel zurück. Sie sollten früh zu Abend essen und dann ins „Français" gehen, um den *Bourgeois Gentilhomme zu besuchen* . Arthur hatte ihr die Geschichte des Stücks erzählt und erklärt, dass es ihr sicher gefallen würde und dass es keinen besseren französischen Schauspieler auf der Welt und auch keinen so guten englischen Schauspieler gäbe; All das hatte Nancy beeindruckt. Und sie sollte ihr rosafarbenes Kleid tragen dürfen, mit einem hübschen Umhang, den er gekauft hatte, einen algerischen Mantel, sanft weiß, mit Goldfäden, und eine Blume im Haar. Nancys Herz schlug bei dem Gedanken an all diese Fröhlichkeit und Erhabenheit. Er hatte ihr auch einen hübschen Fächer gekauft; und sie sollten eine Kiste haben, die ihr sehr großartige Ideen vermittelte. Dort zu sitzen, wie eine junge Prinzessin, zu sitzen und sich bewundern zu lassen, während die besten Schauspieler sein Bestes taten, um sie zu unterhalten, inmitten dessen, was die Fantasie ihr nach einem Ball immer als das verführerischste aller Vergnügen dargestellt hatte , ein fröhlich beleuchtetes und brillantes Theater, was könnte schöner sein? Und zunächst war Nancy genauso glücklich, wie sie erwartet hatte. Als sie aus der Ecke der Loge mit den seidenen Vorhängen auf die helle, vielfarbige Menge blickte, schien es ihr, als könnte sie ein wenig verstehen, wie sich die Königin fühlen musste, als sie nach vorne trat, um ihren treuen Untertanen für ihre Dankbarkeit zu danken freundlicher Empfang von ihr. Die Hälfte der Leute schien bewundernd und verwundert nach oben zu schauen. Sie hatte sich noch nie zuvor so großartig gefühlt. Wie gut sie sich an die Tage ihrer Demut erinnerte, als das Höchste, was sie sich erhoffen konnte, die oberen Logen waren, wie schöne Damen in ihre Logen kamen und einen sorglosen, prächtigen Blick auf die raschelnde Gesellschaft unten warfen, bevor sie sich setzten. Und nun war sie die schöne Dame in der Loge. Gab es vielleicht irgendwo ein armes Mädchen wie Nancy Bates, das die hübsche Neuankömmling ansah, sie mit einem wehmütigen Blick in all ihrer Pracht musterte und beneidete, zusah, wie sie auf die Menge herabblickte und dann als Nancy anmutig in ihren Stuhl sank? hat, halb im Ruhestand hinter dem Vorhang? Es kam ihr so vor, als wäre sie zwei Personen, sie selbst in der Kiste – Mrs. Arthur Curtis – und Nancy Bates, die von ihrem unteren Platz aus zuschauen; und das hat den Genuss auf wunderbare Weise verdoppelt. Wie hätte sie alles bemerkt, den wunderschönen weißen Mantel mit den Goldfäden, die Blume im Haar der Dame, ihr Kleid und alles an ihr! und mit großem, aber weniger fesselndem Interesse der hübsche junge Ehemann, der ihr Hab und Gut vervollständigte und ihr so „ergeben" war. Nancy hätte in ihrer Bewunderung für die schöne Dame kaum ein Auge für das Stück gehabt ; Und jetzt war sie selbst die wunderschöne Dame, im vollen Besitz all der Großartigkeit, die eine Loge im Theaterstück verleihen konnte! Wie wunderbar und entzückend es war; aber vielleicht doch nicht ganz so entzückend und wunderbar, wie es Nancy in der Grube vorgekommen war.

Doch als sich der Vorhang öffnete, war sich Nancy nicht so sicher, ob es entzückend war. Sie fühlte sich nicht wohl genug, um sich auch nur auf den offenen Spaß des *bürgerlichen Gentilhomme* einzulassen . Sie starrte M. Got mit staunender Neugier und Zweifel an. Zweifellos musste es sehr amüsant sein, denn alle lachten, und Arthur auch; aber Nancy konnte nicht lachen. Was meinte dieser seltsame Mann auf der Bühne mit all seinen seltsamen Possen? Er probierte seine Kleidung in der Öffentlichkeit an, fechtete mit seiner Dienerin und formte seinen Mund zu runden „Os", während der noch witzigere Mann im hexenhaften Schwarz da war Das hat ihn dazu angewiesen. Es kam ihr alles fremd vor. Sie rätselte über ihn und konnte ihn nicht erkennen. "Was sagt er?" sie flüsterte Arthur zu, als das Lachen wilder als gewöhnlich war; Doch bevor sie verstehen konnte, was Arthur lachend zurückflüsterte, brach erneut Belustigung aus und sie wurde wieder hinausgeworfen. Zunächst war das Gefühl nur eine Enttäuschung, doch nach und nach wurde es zu Irritationen. Sie konnte es nicht ertragen, sich als Einzige zu fühlen, die es nicht wusste. Hoch oben auf der Galerie über ihr konnte sie ein kleines französisches Mädchen mit Mütze sehen, das es von ganzem Herzen genoss. Und obwohl Arthur versuchte, alle Witze zu erklären, vergaß er es ab und zu und gab sich auch dem Spaß hin und dachte nie daran, dass sie dort saß, die nicht wusste, was es bedeutete, und es unmöglich genießen konnte. Das zweifelnde Lächeln, das sie in den ersten ein oder zwei Szenen auf ihrem Gesicht behalten hatte, wich einem starren und etwas mürrischen Blick. Sie richtete ihren Blick hartnäckig auf die Bühne und betrachtete das Vergnügen mit teilnahmslosem Gesicht, ausdruckslos und unbeweglich. Wenn M. Got sie gesehen hätte, wäre sie für ihn wie ein wunderschöner Albtraum gewesen; und in der Tat spielte dieser unnachahmliche Schauspieler alle seine Streiche vor Nancy, ohne ihr auch nur eine einzige humorvolle Idee in den Sinn zu bringen oder ein Lächeln auf ihr Gesicht zu zaubern. Wie erschöpft, wie zornig, wie langweilig und elend sie wurde, während das Haus vor Lachen hallte und all dieser Spaß unter ihren Augen weiterging, die jetzt wund waren vom Starren! Die ganze Zeit über lachte das kleine französische Mädchen mit der Mütze oben, ein armes kleines Mädchen, nicht einmal Nancy Bates ebenbürtig, bis ihr die Tränen in die Augen traten; und Arthur lachte, ebenfalls unermüdlich, obwohl er sich manchmal ein wenig wunderte, warum Nancy so still sein sollte, und ihr verstohlene besorgte Blicke zuwarf, auf die sie nicht reagierte, sondern den Blick auf die Bühne gerichtet hielt. Als der Vorhang fiel, seufzte sie erleichtert, wandte sich jedoch von Arthur ab und antwortete nicht auf seine Fragen, wie es ihr gefallen habe. Habe es genossen! Wie konnte er sie fragen, er, der nichts anderes getan hatte als zu lachen und sich nie um sie gekümmert hatte? Als er aufstand, erhob sie sich ebenfalls, wehrte jedoch seine Versuche ab, ihren Umhang enger um sie zu schlingen.

„So wie es ist, wird es sehr gut funktionieren", sagte sie und riss es ihm aus der Hand.

"Was ist los?" fragte er wehmütig und zog ihren Arm durch seinen, nicht ohne einen kleinen Widerstand ihrerseits.

"Der Grund? Was soll los sein? Ich bin nur müde und werde froh sein, nach Hause zu kommen", sagte Nancy.

„Ich habe dich zu viel tun lassen. Ich habe dich herumgeschleppt und erschöpft, mein armer Schatz!" schrie Arthur, und er war voller Gewissensbisse und trug sie halb die Treppe hinunter. Doch als sie in das kleine *Coupé* stiegen , das auf sie wartete, platzte sie heraus.

„Ich kann mir nicht vorstellen, was da so amüsant war. Ich glaube nicht, dass es gutes Französisch sein könnte", rief Nancy. „Ich behaupte nicht, dass ich wie Sie sprechen kann, aber ich habe in der Schule Französisch gelernt und bin mir sicher, dass ich es verstehen könnte, wenn es gut wäre. Das nennt man Schauspiel! Ich glaube nicht, dass er überhaupt schlau ist."

„Meine Liebe", sagte der arme Arthur, „es war der großartige Got, der beste Komiker der Welt, glaube ich." Ich habe noch nie jemanden wie ihn gesehen."

„Ich habe ein Dutzend besseres gesehen", rief Nancy. "Was hat er getan? Nichts anderes, als sich lächerlich zu machen, diese lächerlichen Kleider anzuziehen und zu tanzen und zu singen und Lektionen zu lernen, ein alter Mann! Das tolle Go! Ich wünschte, er würde gehen, da bin ich mir sicher, schon lange bevor er ging", sagte sie und kam durch ihr Wortspiel ein wenig zu neuem Mut. Aber im Hinblick auf Arthur war der Prozess nicht so erfolgreich. Er sagte nichts, zuckte aber mit den Schultern, was sie glücklicherweise nicht wahrnahm.

„Ich verstehe", sagte er schließlich. „Das ist nicht die Art von Schauspielerei, die Ihnen gefällt; Die höheren Wanderungen würden Ihnen vielleicht besser gefallen. Morgen werden wir etwas ganz anderes ausprobieren."

„Oh, morgen!" sagte sie mit einem leichten Schauer. Die Freude an dem Stück war bei Nancy bereits explodiert; und mit Bestürzung erinnerte sie sich daran, dass sie vereinbart hatten, *jeden Abend in ein Theaterstück zu gehen*! Sollte ihr Leben so verbracht werden? Sie dachte mit Bedauern an ihre Mutter und ihre Schwestern, die am Tisch saßen und sich über alles unterhielten, was geschehen war und was geschehen würde. Der Salon war schmuddelig, und sie hatte mit einem verwunderten, halb angeekelten Gefühl daran gedacht, verglichen mit ihrer *Wohnung* und all ihren Koketten, ihren weißen Teppichen und Vorhängen; Aber sie war noch nie so müde und erschöpft gewesen von dem Versuch, zu Hause glücklich zu sein. Das kleine Holzfeuer jedoch brannte hell und die Wachskerzen brannten, und das hübsche Wohnzimmer sah sehr gemütlich aus, als sie ins Hotel zurückkehrten, das sie begannen, „Zuhause" zu nennen, wobei sie dieses Wort leicht entweihten worauf die Engländer stolz sind. Arthur setzte sie in einen bequemen Sessel, ließ sie etwas Wein trinken und streichelte und tröstete sie. Armer Arthur, er war auch enttäuscht, aber er verbarg es mannhaft. Sein Charakter entwickelte sich in dieser unerwarteten Prüfung, er wurde geduldig, nachsichtig und bereit, alle möglichen Kompromisse und Opfer zu bringen, um sicherzustellen, dass seine junge Frau glücklich sein sollte. In seinen früheren Beziehungen, in denen alles getan worden war, um ihm zu gefallen, war er nicht so gut oder nachsichtig gewesen; aber in der Ehe, wenn einer nicht entgegenkommen will, warum muss der andere dann, daran ändert sich nichts an dieser Naturnotwendigkeit. Diese Vereinigung, die so viel gekostet hatte, durfte nicht scheitern. Wenn sie sich nicht anstrengen wollte, musste er es tun. Daher schluckte er seine Enttäuschung über den bevorstehenden Abend herunter und über die Verknappung künftiger Ressourcen, die, wenn Nancy nicht dazu gebracht werden könnte, das Theater zu mögen, sehr ernst sein würde, und auch die tiefere Enttäuschung, die er kaum zuließ sich selbst anzusehen, in Nancy weniger Verständnis zu finden, als er dachte. Als sie zu Bett gegangen war, saß er eine Weile am Feuer und dachte über alles nach. Schließlich war es vielleicht nicht unnatürlich, dass ein junges Mädchen, das keine Erfahrung hatte und kein Französisch verstand, Molière nicht sofort zu schätzen wusste, selbst wenn es von Got interpretiert wurde. War es zu erwarten, war es wahrscheinlich? Arthur begann sich zu sagen, dass seine Enttäuschung auf seine überzogenen Erwartungen zurückzuführen sei und dass er sehr dumm gewesen sei; arme Nancy, was für eine Tortur hatte er ihr ausgesetzt! Aber er ließ sich nicht entmutigen, er würde es noch einmal versuchen. Etwas Romantisches und Sensationelles an der Porte St. Martin oder eine sentimentale Komödie, wie sie an der Gymnase lief, wären besser geeignet. Er würde das versuchen, etwas, das sie interessieren würde. Arthur wusste viel über die Theater und war sicher, dass das eine oder andere das bieten würde, was man brauchte. Doch trotz des hellen Feuers und der weißen Teppiche, die so warm und weich waren, herrschte eine leichte Depression in ihm. Dieser erste Versuch war kein Erfolg gewesen. Nancy hatte auf seinen Anruf nicht reagiert; Es war vermutlich seine Schuld, aber es war deprimierend. Der Vergleich, der sich bot, war für Nancy nicht schädlich. Er dachte unwillkürlich an Lucy, wie sie über Gots Schauspiel gelacht hätte, wie leichtfertig sie hereingekommen wäre, mit ihm am Feuer gesessen, alles noch einmal besprochen und es ein zweites Mal genossen hätte. Dies bewies lediglich die Vorteile der Bildung – mehr bewies es nicht – und er wollte Nancy nicht gegen Lucy eintauschen oder die Wagnisse dieser seltsamen und beunruhigenden Doppelexistenz aufgeben, die, nachdem sie für ihn einmal begonnen hatte, niemals enden konnte außer durch den Tod. Die kleinen Misserfolge, die ständigen Gefahren der Opposition und des Widerstands erregten ihn zumindest, wenn sie nicht auch Freude bereiteten. Das Leben war nicht länger zahm und eintönig, was auch immer man sonst sagen könnte.

KAPITEL III.

Am nächsten Tag machte Arthur ein weiteres Experiment mit seiner Braut. Das war eines der Dinge, die er ihr versprochen hatte, als sie über Paris sprachen, und es war ihm nicht in den Sinn gekommen, dass der bloße Name des Louvre Nancy keine Vorstellung davon vermittelte. Sie war durchaus bereit gewesen, es als etwas einigermaßen Großartiges zu akzeptieren, das sie sehen sollte, aber das war alles. Er führte sie über die weiten, sonnigen Höfe mit einer leichten Erwartungshaltung, vor allem voller Freude, doch mit einem Hauch von Zweifel, der es vielleicht noch aufregender machte. Arthur selbst war weder sehr gebildet in der Kunst noch begeisterte er sich dafür. Er wusste, was ein junger Mann seiner Herkunft kaum wissen konnte – er wusste, welche Bilder jeder bewundert; Sein ganzes Leben lang war er daran gewöhnt gewesen, zu glauben, dass er sie bewunderte, und aus Umgang, aus Glauben, aus einem natürlichen Sinn für Schönheit, den nur wenige Menschen haben, war er gern hingegangen und hatte sie angeschaut von Zeit zu Zeit, wenn er im Weg war, und hatte eine gewisse Bekanntschaft mit den großen Galerien an allen Orten, die er besucht hatte. Er kannte den Louvre gut genug, um sich darin auskennen zu können, einen Neuling von einem großartigen Bild zum nächsten zu führen und sogar seine Favoriten im Salon Carré zu haben. Dies erfordert keine sehr hohe Wertschätzung der Kunst oder eine wirkliche Kenntnis ihrer Produktionen; aber dennoch war es das höchste Wissen und die wildeste Aufregung im Vergleich zu der absoluten Unwissenheit und Gleichgültigkeit, die in der Klasse herrscht, aus der Nancy stammt. Ein weniger intelligentes Mädchen als Nancy, das von der leicht erhöhten sozialen Stellung ausgeht, in der bekannt geworden ist, dass Bilder Dinge sind, die man bewundern muss, und dass die Bewunderung für sie ein Beweis für Überlegenheit sowohl im Rang als auch in der Intelligenz ist, hätte gewusst, wie man davon freikommt sich selbst in einer solchen Notlage. Sie wäre mit einem Schwall wahlloser Freude durch diese Galerien gegangen und hätte alles schön gefunden, oder sie hätte sich schlimmstenfalls an ihrem Mann orientiert und bewundert, was er bewunderte. Aber Nancy war bis zu diesem Zeitpunkt noch nicht einmal gebildet. Sie wusste nichts über sie, hatte noch nie von Raffaelle oder Murillo gehört, und als Arthur sagte: „Dies ist die berühmte Himmelfahrt", starrte sie ausdruckslos, da sie noch nie zuvor davon gehört hatte; Dann drehte sie ihre Augen auf und ab und schaute sich mit der Vorstellung um, dass eine Sache so gut ist wie die andere, was der eigentliche Kern der Unwissenheit ist. Sie verfügte nicht einmal über ausreichende Kenntnisse, um zu erkennen, dass es angebracht war, Interesse vorzutäuschen.

„Was für schöne Räume zum Tanzen – werden sie alle nur für Bilder instand gehalten?" sagte sie aus Rücksicht auf sein offensichtliches Interesse. Nancy sagte nicht dumme Bilder, wie sie es beabsichtigt hatte; und es ist unmöglich, das enttäuschte Gefühl, die eifrige Belehrung des armen Arthur zu beschreiben, der seine bisher oberflächliche Überzeugung spürte, dass jeder normal begabte Geist sich um Bilder kümmern müsse, die durch die völlige Leere seiner Braut zugleich verwirrt und verstärkt wurde.

„Meine liebe Nancy, Frankreich ist darauf stolzer als auf alles, was es besitzt. Es ist eine der schönsten Sammlungen der Welt."

„Ich nehme an, dass sie viel Geld wert sind", sagte sie und betrachtete sie ruhig, aber mit einem gewissen Respekt, der auf dieser Überlegung beruhte. Sie schaute hinauf zu dieser göttlichen Wand, an der der große Murillo, die Jungfrau des Gartens und die Frau des Schleiers, hängt, die seitwärts durchdringende Faszination der Gioconda und viele andere Wunder; und ihre Ruhe des Unverständnisses war fast erhaben. Einige waren „hübsch", dachte sie; aber sie zog ein wenig an Arthurs Arm, um weiterzumachen, ohne zu wissen, warum er so lange bleiben und weiter suchen sollte, wenn sie doch alles gesehen hatte. Allerdings war es selbstverständlich, Dinge zu respektieren, die viel Geld wert waren – die großen Vasen in den Vorräumen zum Beispiel, von denen sie gespürt hatte, dass sie viel wert sein müssten, obwohl sie nicht schön waren. Es war schwierig, die gleiche Wertvorstellung mit den Bildern in Verbindung zu bringen, doch Nancy ging davon aus, dass sonst niemand so viel Aufhebens um sie machen würde.

"Geld!" Arthur sagte mit einem kleinen Stöhnen und machte dann das Beste daraus, wie er es lernte: „Ja, mein Lieber, eine Menge Geld – und mehr als Geld. Jeder von ihnen ist fast mehr wert, selbst in Geld, als alles, was Sie und ich auf der Welt haben."

"Schade!" rief Nancy, „böses altes Ding", und sie zog ihn ein wenig an. Dann blieb sie für eine Sekunde vor dem Leonardo in der Ecke stehen und lachte. „Was für lustige Frauen! Warum sitzen sie einander auf dem Schoß? Das ist das Lustigste, was ich je gesehen habe", sagte sie.

„Still, Nancy! Dies ist von einem sehr berühmten Maler; aber ich kann nicht sagen, dass es mir gefällt", sagte Arthur in seinem didaktischen Ton. „Das auf der anderen Seite gehört auch ihm – die Gioconda heißt sie – gefällt mir besser."

„Ich nicht", sagte Nancy; „Ist sie nicht *tief*! Ich kann Menschen mit diesem Blick nicht ertragen. Sie ist genau wie Lizzie Brown zu Hause in Underhayes – erinnerst du dich an Lizzie Brown, Arthur? Komm schon, ich bin sicher, wir sind lange genug hier geblieben."

„Wie Sie wollen", sagte er seufzend; „Aber es gibt noch einige mehr, auf die ich Sie gerne hingewiesen hätte –"

„Das ist hübsch", sagte Nancy und zeigte auf eine farbenfrohe Kopie, die einer der vielen Arbeiter im Salon Carré anfertigte. „Darf man nicht schauen, was sie tun? Sie würden zu Hause malen, wenn sie nicht gesehen werden wollten. Oh, sie kopieren , oder? Ich bin sicher, das ist viel hübscher als das alte Ding an der Wand. Wofür kopieren sie?"

„Hauptsächlich verkaufen", sagte Arthur mit einer gewissen Verdrossenheit in seiner Verzweiflung.

„Oh, zu verkaufen! Ich nehme an, die Leute hängen sie gerne in ihrem Zimmer? wie neugierig! Ich hätte viel lieber ein Bild von dir."

Nun war Arthur bis zu diesem Moment in immer tiefere Tiefen der Verzweiflung geraten. Er hatte sich gesagt, dass alle seine Bemühungen bloße Misserfolge waren – dass er nichts tun konnte und den Versuch aufgeben musste; aber jetzt wurde er ganz unerklärlicherweise, ganz unvernünftig, fröhlicher. In ihren Worten war nichts enthalten, was Nancys Fähigkeiten in ein neues Licht rücken und sie in seinen Augen rehabilitieren könnte, und doch tat es das irgendwie. Ein plötzliches zartes Bedauern über das harte Urteil, das er sich gebildet hatte, überkam ihn, machte ihn weicher und ließ ihn dahinschmelzen. Er fühlte sich geneigt, sie auf den Knien um Verzeihung zu bitten.

„Du dummes Mädchen", sagte er, „was willst du mit meinem Bild? Wenn es von Ihnen wäre, könnte es etwas wert sein; Aber sag mir, Nancy, wenn ich dir einige dieser Exemplare kaufen würde, welches würdest du wählen?"

„Ich will keins; Du kaufst bereits zu viele Dinge. Na ja, vielleicht *das* ", sagte Nancy zufällig und zeigte auf das Bild, das der französische Geschmack *La Belle Jardinière nennt* . Es war eine glückliche Vermutung.

„Du sollst es haben, mein Liebling", rief Arthur entzückt, „ich wusste, dass du im Grunde deines Herzens echten Geschmack hast."

„Oh nein, ich nicht", rief Nancy, zuckte mit den Schultern und zog ihn weiter, „das ist mir egal. Es war nur das erste, das mir ins Auge fiel. Gehen wir schnell durch die anderen Räume; wir sind schon so lange hier. Du darfst das Ding nicht kaufen, was soll ich damit machen? Ich interessiere mich nicht wirklich für Bilder. Sicherlich machen sie einen Raum ziemlich schön, wenn sie schöne Rahmen haben; aber wir haben nicht einmal einen Raum, um sie aufzuhängen. Aber ich werde Ihnen sagen, was ich tun möchte", fuhr sie fort und führte ihn aus den kleineren Räumen heraus und hinein. „Lass uns *gemeinsam* fotografieren, Arthur, in einem schönen großen Format. Es wird ein viel schöneres Denkmal für Paris sein. Und dann würde Mama es so gern im Wohnzimmer aufhängen und allen zeigen. Wir müssen ihr irgendein Geschenk mitbringen, und das würde uns auch freuen. Ihr würde es viel lieber gefallen als dieser rosafarbenen Dame mit dem kleinen Jungen."

„Um Himmels willen, beschreibe das Bild nicht so! „Wissen Sie, dass es sich um eine berühmte Raffaelle handelt", sagte Arthur und war umso entsetzter, dass jemand ihre junge, selbstbewusste Stimme gehört und sich umgedreht hatte, um sie zu bewundern.

„Was ist eine berühmte Raffaellc? Ich gebe nicht vor, etwas darüber zu wissen; und ich hätte viel lieber ein Bild von dir; Aber was wirklich schön wäre, wäre, zusammen fotografiert zu werden. Ich frage mich, ob ich noch nie darüber nachgedacht habe. Lasst uns jemanden finden, sobald wir diesen blöden Ort verlassen. Oh ja, ich habe alles gesehen, was ich sehen möchte."

Armer Arthur! er freute sich, dass sie ein Porträt von sich haben wollte. Diese schmeichelhafte Berührung heilte seine Wunden ein wenig, und als sie ihn wieder auf die hellen, winterlichen Straßen hinausführte (wobei sie selbst einen Seufzer der Erleichterung aufatmete, als sie die Galerien einigermaßen hinter sich gelassen hatten), sagte er sich mit der neuen Philosophie, die es getan hatte komm ihm zu Hilfe: Nun! Wie konnte man von ihr erwarten, dass sie sich für Bilder interessierte, die noch nie welche gesehen hatte? Natürlich war die Vorfreude seinerseits ziemlich absurd. Kunst erfordert eine besondere Ausbildung. War es jemals so unvernünftig, einen unkultivierten Geist ohne jegliche Schulung, ohne Vorwort direkt in die Tiefgründigkeiten von Leonardo, Raffaelle und Perugino einzutauchen? und dann zu erwarten, dass sie es sofort versteht! Der arme junge Kerl hatte das Gefühl, dass er hart gegen seine Nancy vorgegangen war, obwohl Gott weiß, ohne es zu meinen. Und was für eine hübsche Idee sie mit dem Foto hatte! Er war ein wenig zusammengezuckt bei dem Gedanken, es in Mrs. Bates' Wohnzimmer aufzuhängen und allen ihren Freunden auszustellen; aber das war ein klägliches Gefühl – und was könnte natürlicher und entzückender sein, als dass sie sich eine solche Erinnerung an ihre Flitterwochen wünschte? Dass sie sich so darauf freute, war kein Beweis dafür, dass sie glücklich war, ungeachtet all der kleinen Sorgen um ihre neue Position und seiner unüberlegten Versuche, sie in seinen eigenen konventionellen Kodex der richtigen Dinge zu zwingen bewundert werden? Das sei alles eine Frage der Erziehung, da war er sich sicher. Das hatte er vorher nicht gedacht. Er hatte in seiner Unwissenheit angenommen, dass ein schönes Bild wie eine schöne Landschaft sei, die für jedermann verständlich sei; Aber dann erinnerte sich Arthur daran, was er irgendwo gelesen hatte, dass es sehr lange dauerte, bis die Menschen anfingen, die Natur zu bewundern, dass die Alpen vor ein oder zwei Generationen nur schreckliche Schneewüsten waren und Berge im Allgemeinen als Hindernisse und Schandflecken für den Durchschnittsmenschen galten . Das zeigte deutlich (sagte er sich), dass Bildung alles ist. Es *schult das Auge* nicht nur , sondern man könnte sagen, dass es es auch erschafft, indem es Wahrnehmungen von Schönheit ermöglicht, die es zuvor tatsächlich nicht gab. Dieser Gedankengang beschäftigte ihn, während er weiter durch die hellen Straßen ging, angezogen von Nancys Eifer, zu einem der Geschäfte zu gehen, in denen sie zuvor ihre Einkäufe getätigt hatten, um nach einem Fotografen zu fragen. Sie war von der Idee so begeistert, dass sie das Gespräch fortsetzte und sein Schweigen überdeckte; und er hatte seine Überlegungen zu einem höchst zufriedenstellenden Ende geführt, zu dem Schluss, dass Nancy in ihren Bemerkungen wirklich Originalität bewiesen hatte und dass es eine reine Absurdität seinerseits war, von ihr Kunstwissen zu erwarten – als sie den Laden erreichten, wo Sie wurden mit der herzlichsten Zufriedenheit aufgenommen und es gab viele neue Dinge zu sehen, die Nancy sehr bewunderte. Dem Ladenbesitzer fiel es nicht schwer, einen ihm bekannten Künstler zu nennen, der seiner Meinung nach Madame gerecht werden würde und zu stolz und glücklich wäre, ein solches Motiv zu haben. Arthur jedoch kam zu sich selbst, als sie so weit gekommen waren, sei es durch den Hauch von Praktikabilität, der damit verbunden war, noch ein paar hübsche Dinge für Nancy zu kaufen, oder durch die Tatsache, dass er ihr zu seiner vollsten Zufriedenheit bewiesen hatte, dass sie ein Recht auf sie hatte Gleichgültigkeit gegenüber den Bildern im Louvre; und er hatte noch genug gesunden Menschenverstand, um der Empfehlung des *Modisten zu entgehen* und Nancy zu einem wirklich guten Fotografen zu bringen, der ihnen einen Termin für den nächsten Tag gab. Beide waren von diesem Engagement sehr begeistert. Es gab etwas zu tun! Am Nachmittag kehrten sie getröstet und glücklich in ihr Hotel zurück und redeten darüber. Und während Nancy sich ausruhte und ihr Kleid für den Abend herausholte, ging Arthur pflichtbewusst in die Zeitungen. Er nahm die neueste „Times" zur Hand und versteckte sich hinter dem großen Blatt; aber er hatte nicht viel Gutes aus seiner Lektüre. So deutlich Sie auch feststellen mögen, dass es unvernünftig ist, von Ihrer Braut zu erwarten, dass sie sich für die interessanten Dinge des Ortes, an dem Sie leben, interessiert, es lässt sich nicht leugnen, dass es sehr peinlich ist, wenn sie es nicht tut. Ein Mädchen, das sich vor Notre Dame fürchtete und fröstelte, das im Français müde war und sich nicht für den Louvre interessierte – was sollte ihr armer junger Mann mit ihr anfangen? Für die im Sommer so einfachen Ausflüge war das Wetter nicht gerade günstig. Und welches Interesse könnte zum Beispiel an Versailles für jemanden bestehen, der nichts über die Grand Monarque wusste und wahrscheinlich noch nie von Marie Antoinette gehört hatte? Die Menschen heiraten ihre Frauen oder Ehemänner nicht, weil sie Molière verstehen, die großen Meister lieben und die Geschichte des Kontinents kennen; Aber es ist verwirrend, in Paris oder anderswo mit einem neuen Begleiter zusammen zu sein, der mit nichts etwas zu tun hat und dem alles, was in der Vergangenheit liegt, gleichzeitig gleichgültig und unwissend ist. Was sollte er mit ihr machen? Wohin sollte er sie bringen? Der arme Arthur rätselte über seine „Times" und wusste es nicht.

An diesem Abend nahm er sie mit zur Gymnase, und zunächst schien der Zauberspruch Aufschluss zu geben. Nancy widmete ihre Aufmerksamkeit im ersten Akt der Bühne, und sicherlich war sie nicht so ein Misserfolg wie die Français. Es gab viel Liebesspiel, und das interessierte sie. Aber es endete wie zuvor, in Ekel und Müdigkeit.

„Ich wünschte, du würdest mich nicht an solche Orte mitnehmen", rief sie, „ist es, weil du Angst vor einem Abend zu Hause hast? Wenn wir uns zu Hause in Underhayes niederlassen, werden Sie sich mit mir abfinden müssen, dort wird es kein Spiel geben."

Diese Rede war für Arthur besonders ärgerlich, denn er hatte nicht die geringste Absicht, sich in Underhayes niederzulassen, und die Tatsache, dass sie als selbstverständlich angesehen wurde, verursachte ihm einen Schmerz, der hauptsächlich aus Entsetzen bestand. Sollte er in der Lage sein, der Selbstverständlichkeit zu widerstehen, die sich so in Nancys Kopf etabliert hatte?

„In der Tat", sagte er, „würde ich gerne zu Hause bleiben. Tatsächlich ist es mir egal, wo ich bin, solange du auch da bist. Das Stück gefällt mir nicht."

„Was machst du dann? Ah! Ich weiß, um mich aufzupolieren, um mir beizubringen, wie ich mich benehmen soll, um meine mangelhafte Bildung zu beheben." Dies wurde noch einmal in der Kutsche gesagt, als sie nach Hause fuhren.

„Nancy, du bist unfreundlich", sagte Arthur, „warum solltest du so mit mir reden? Ich weiß nichts über mangelhafte Bildung. Ich habe dich mitgenommen, um dich zu unterhalten. Du dachtest, es würde dir gefallen.

„Ich wusste nicht, dass sie so arme Stöcke sind", sagte Nancy, „ich hätte nicht gedacht, dass sie so ihr Französisch plappern würden. Die Leute in den Geschäften reden viel besser. Ich verwechsele sie nie; und es macht mir Angst, so dumm auszusehen", fügte sie nachsichtig hinzu. „Ich sollte mich nicht um mich selbst kümmern; Aber es sieht so schlimm für dich aus, eine Frau zu haben, die es nicht versteht."

„Für mich, mein Schatz!" rief Arthur entzückt. "Kümmert es mich? Ein Abend zu Hause wird um einiges angenehmer; Aber meine Frau sieht nie dumm aus, sie kann nicht dumm aussehen", sagte der törichte junge Mann. Und wieder war alles gut.

So verlief der Verlauf ihrer Honigtage nicht ohne Schwankungen. Was er in seiner Dummheit sagte, stimmte soweit, dass Nancy nicht dumm aussah. Sie wirkte nachlässig, trotzig, gleichgültig, verächtlich gegenüber dem, was sie sah, als gegenüber etwas, das nicht einmal die Mühe wert war, es zu verstehen; Aber an ihrem Aussehen war zu keinem Zeitpunkt etwas

Dummes zu erkennen, und trotz ihres Willens erwachten bei dem Mädchen vereinzelte Funken des Verständnisses. Schimmer, die sie damals nicht erleuchteten; aber was im Chaos funktionierte, unabhängig von ihrem Willen. Ihr Wille war strikt in die entgegengesetzte Richtung gerichtet: Sie lehnte alle Verbesserungsmöglichkeiten ab und lehnte den Gedanken ab, auf das Niveau ihres Mannes erzogen zu werden. War sie nicht von Anfang an so gut wie er, war ihre Familie nicht genauso gut wie seine Familie, wenn nicht sogar besser? Nicht so reich, aber nettere, freundlichere Menschen, die in ihrer Schlichtheit vor jedem Versuch bewahrt werden, sie herunterzuziehen. Nancys angeborene Geisteskraft stieß auf heftige Verachtung gegenüber jedem Versuch, sie von ihrer eigenen Rasse zu trennen und sie mit der seinen zu identifizieren. An ihr altes Selbst in der Grube zu denken und ihr neues Selbst triumphierend in einer privaten Loge zu bewundern, war ein Gefühl, das, so köstlich es auch war, in ihr selbst entstand und an niemanden verraten wurde. Hätte Arthur offenbar über diesen Unterschied nachgedacht, hätte Nancy sofort den Abstieg in die Grube als vorzuziehende Lösung vorgeschlagen. Durch ihre Heirat hatte sie einen gewaltigen Aufstieg auf der gesellschaftlichen Skala gemacht; Aber sie hatte niemals vor, zuzugeben, dass der Aufstieg für sie von Bedeutung war oder dass es ratsam war, ihr Benehmen oder ihre kleinsten Handlungen deswegen zu ändern, auch nicht, wenn sie dafür sterben würde. War sie nicht „gut genug" für Arthur? Warum entschied sich Arthur dann, sie zu heiraten? Er hätte sie gefragt, hätte sie gesagt, nicht sie, die ihn gefragt hatte. Er hatte sich vorgenommen, sie im Guten wie im Schlechten zu nehmen; aber sie hatte sich nicht verpflichtet, seinetwegen irgendetwas in ihrem Leben oder ihren Gewohnheiten zu ändern. Und sie hatte es nicht vor. Sie war keine schöne Frau; sie wollte nicht wie eine feine Dame aussehen. Es war viel besser, dass jeder von Anfang an wusste, was sie war und wer sie war. Der Gedanke, dass Arthur einen Bildungsprozess begonnen hatte, kam ihr plötzlich nach diesem Besuch im Louvre; Warum war er so darauf bedacht, dass sie alles bewunderte? Warum sollte er sie ins Theater mitnehmen? Er wollte, dass sie Französisch lernte; aber sie wollte kein Französisch lernen. Sie hatte Arthur nicht gebeten, sie zu heiraten; Er war es, der sie gefragt hatte, und er musste die Konsequenzen tragen. Sie hatte keine Lust, hier in Paris zu sein. Es wäre weitaus besser, ein kleines Haus in Underhayes zu haben, wo sie denen, die sie kannten, ihre Fortschritte zeigen und sich in dem einzigen Kreis hervorheben könnte, in dem sie bisher hervorgehoben werden wollte. Dies war der Gedankengang in Nancys Kopf. Dies wurde merkwürdigerweise durch die neuen Gedanken gestört, die wider ihren Willen in ihr aufstiegen; aber sie hielt trotzdem daran fest. Sie würde auf den ersten Kritikpunkt an ihrem Kleid zurückkommen, der rosa Seide, in der er sie nicht reisen lassen wollte, lange nachdem sie überzeugt war, dass der blaue Serge besser und bequemer sei und sogar besser aussehe, was das Schwierigste war Lehre von allen. Sie war sich durchaus bewusst, dass sie, wenn sie damals schon so viel gewusst hätte wie heute, nie im Traum daran gedacht hätte, ihre Reise in ihrer lachsfarbenen „Seide" anzutreten, und ärgerte sich dennoch darüber, dass Arthur Einwände gegen sie erhoben hatte. Seide." Sie würde nicht nachgeben. Sie würde nicht versuchen, sich an die „Arten" anzupassen, an die er gewöhnt war. Die Bateses waren genauso gut wie die Curtises, und das würde sie beweisen. Doch mit jedem Tag wurde Nancy wider ihren Willen bewusster, wie sehr sich ihre Gewohnheiten von denen ihres Mannes unterschieden und wie sehr sich alle ihre Denkweisen von ihm unterschieden. Aber sie würde niemals nachgeben, sagte sie sich. Er hatte sie gefragt, nicht sie ihn.

Das unterschied sich deutlich von Arthurs eifrigem Wunsch, nach jeder neuen Demonstration des Unterschieds zwischen ihnen klarzumachen, dass Nancy nicht anders handeln könne, dass es absurd sei, etwas anderes von ihr zu erwarten. Er war bei weitem der bescheidenste von beiden, der toleranteste und nachsichtigste. Tatsächlich war Nancy überhaupt nicht nachsichtig. Der Blick empfand sie als beleidigend, und bei der bloßen Möglichkeit einer abfälligen Andeutung geriet sie plötzlich in Zorn; wohingegen er zahllose kleine Angriffe auf seine Familie, auf feine Leute, die sich für überlegen hielten, auf anmutige Sitten und Vorurteile in Bezug auf Kleidung und Lebensweise ertrug. Wann immer sie ihre Unwissenheit auffälliger als sonst zeigte oder einem Anspruch auf sie schmerzlicher nicht gewachsen war, verfiel der arme Arthur erneut in Gedanken und bewies sich selbst, dass dies das war, wonach er hätte suchen sollen, dass nichts anderes natürlich gewesen wäre. Er rechtfertigte sie auf diese Weise für alles, was sie tat, und alles, was sie nachweislich nicht konnte. Dennoch war es ein ziemlich anstrengender Prozess, und am Ende einer Woche kam er zu dem Schluss, dass Paris kein geeigneter Ort für die Flitterwochen gewesen sei. Flitterwochen sind im Winter schwieriger als im Sommer. In der letzten Saison gibt es noch so viel zu tun, und die Freiluft bringt vieles in Einklang. Wohingegen zwei Menschen, die nicht an die Gesellschaft des anderen gewöhnt sind, kein Interesse an den gleichen Beschäftigungen haben, völlig unterschiedlich erzogen und ohne Mittel sind und zusammen sogar in einer schönen kleinen Wohnung in einem feinen Hotel in der Rue de Rivoli eingesperrt sind, was ist das? sie zu tun? Das Foto war einen Tag lang eine bezaubernde Beschäftigung, und es war ziemlich erfolgreich, so erfolgreich, wie Fotografien überhaupt sind, und wurde in Underhayes zum Gegenstand großer Bewunderung, wenn es in einen Samtrahmen gesteckt wurde. Nancy hat es nach Hause geschickt.

„Ich hoffe, Sie folgen bald", schrieb Mrs. Bates, und Nancy gab den Brief ihrem Mann zum Lesen. Sicherlich war Paris nicht sehr erfolgreich gewesen. Sie hatten sich nach diesem traurigen Tag im Louvre mit Autofahrten und Spaziergängen begnügt, waren zum Bois gegangen, wo es zu dieser Jahreszeit ziemlich nackt war, und waren dort herumgelaufen und müde geworden. Und abends hätten sie „zu Hause" im Hotel gesessen. Aber Nancy hatte nichts zu tun, nicht einmal ein bisschen ausgefallene Arbeit, und als Arthur ihr vorlas, schlief sie ein; und sie gingen sehr früh zu Bett, was beide immer als tugendhaft, wenn auch eher langweilig empfanden. Und so gingen die zweiwöchigen Flitterwochen nicht besonders vergnügt zu Ende.

KAPITEL IV.

„Ich glaube nicht, dass dir Paris etwas bedeutet", sagte Arthur zu seiner Frau. Sie fuhren zum Bois hinaus, und der Regen nieselte, und es war nicht fröhlich. In dieser trüben Zeit gab es weniger Streitereien, aber vielleicht steigerte diese Tatsache die Lebendigkeit kaum, wenn sie auch ein wenig zum Glück ihres Lebens beitrug.

„Nein", sagte sie mit einiger Lebhaftigkeit; "gar nicht. Für ein oder zwei Tage war es sehr schön. Aber jetzt scheinen wir alles bekommen zu haben, was wir wollten, nicht wahr, Arthur? Ein weiterer Nachmittag im Roo oder im Palay Royal, nur um ein paar kleine Geschenke abzuholen, und ich würde ganz zufrieden sein, sobald Sie möchten, zu gehen."

„Du hast sehr wenig gesehen, Nancy."

„Oh, Kleiner! Ich habe den ganzen Ort gesehen, die besten Geschäfte und die besten Straßen. Ich weiß nicht, was es noch zu sehen gibt."

„Die Leute werden nicht über die Geschäfte und Straßen reden", sagte Arthur auf seine belehrendste Art; „aber über die Bilder im Louvre und über Notre Dame; und welche Musik du gehört hast und welche Theaterstücke du gesehen hast.

„Ich bin mir sicher, dass Mama mir niemals solche Fragen stellen wird", sagte Nancy, „und ich glaube nicht, dass du mich mitnehmen wirst, um deine tollen Freunde zu sehen."

„Das erinnert mich", sagte Arthur und räusperte sich nervös, „an einen Gefallen, um den ich dich bitten wollte. Wirst du etwas für mich tun, das sehr unangenehm sein wird, Nancy, meinetwegen?"

Sie sah ihn sehr aufmerksam an, untersuchte sein Gesicht und war sich bewusst, dass dieses scheinbar einfache Gebet mehr bedeutete, als es den Anschein machte. "Was ist es?" sagte sie mit einem misstrauischen Funken in ihren Augen.

„Du wirst es dann nicht versprechen? Du bist vorsichtig, Nancy. Ich hätte mir verpflichten sollen, alles und jedes für dich zu tun."

"Was ist es?" sie wiederholte. „Es ist so einfach, sofort zu sagen, was es ist."

„Dann ist es das – antworte nicht voreilig – ich mache mir große Sorgen, Nancy; Glaubst du nicht, dass du ein paar Zeilen schreiben könntest – an meine Mutter?

"Zu deiner Mutter!" Die Kühnheit des Vorschlags raubte ihr den Atem.

„Ja, ich werde schreiben – um zu sagen, was ich wirklich fühle: dass es mir leid tut, sie beleidigt zu haben –"

„Tut mir leid, mich geheiratet zu haben!" schrie sie und sprang in ihrer Heftigkeit fast aus der Kutsche. Sie sah ihn an und zitterte vor Wut und Staunen. Wie konnte er ihr gegenübertreten und so etwas fragen? Wie konnte er die Worte formulieren? Glaubte er, sie würde nachgeben, jetzt nachgeben, ohne Sinn und Zweck, sie, die bestimmt entschlossen war, niemals nachzugeben?

„Sie wissen, dass das nicht der Fall ist", sagte er; „Du weißt, dass ich es nicht bereut habe, dich geheiratet zu haben – und es auch nie tun werde. Aber, Nancy, es dient nicht unserem Glück oder – nun ja, ich sage Interesse, obwohl es ein hässliches Wort ist – der Entfremdung von meiner Mutter. Ich möchte ihr schreiben, um ihr zu sagen, dass ich traurig bin, still! sie beleidigt zu haben. Ich hätte es besser wissen sollen. Ich hätte es schaffen sollen, dass sie dich hätte sehen können – dich kennengelernt, bevor sie mich verurteilte –"

„Das heißt, es tut Ihnen leid, dass Sie mich nicht zur Genehmigung geschickt haben, wie die Ladenbesitzer sagen – *mich* ! Glaubst du, ich hätte es getan? Glaubst du, ich hätte es einen Moment lang ertragen können …"

„Kann ich Sie nicht um einen Gefallen bitten – indem ich es ohne Streit als einen Gefallen anerkenne?" sagte Arthur. „Wir sind seit vierzehn Tagen verheiratet und wie oft haben wir uns schon gestritten? Nancy, lohnt es sich? Könnten wir nicht ruhig und ohne Zorn über eine Angelegenheit sprechen, die uns beide betrifft? Wenn es Ihnen unmöglich erscheint, sagen Sie es. Ist es unvernünftig, Sie wegen einer Sache zu quälen, die Sie ablehnen? Aber warum streiten? Ich hasse es – und du kannst es nicht mögen.

„Woher weißt du, dass es mir nicht gefällt?" Sie weinte; dann stoppte sie mit einer vagen Ahnung ihrer Torheit. „Ich werde es nicht tun", sagte sie hartnäckig, „das reicht." Meine Dame hat sich nie um mich gekümmert – nein, auch nicht um Ihre Schwester, die Sie immer als Vorbild hinstellen. Ich werde mich nicht zu ihren Füßen niederlegen, um mit Füßen getreten zu werden; Sie können es gerne selbst tun, wenn Sie möchten."

„Ich werde auf jeden Fall schreiben", sagte er. „Es wird kein Betreten geben; aber ich werde schreiben. Wenn Sie es nicht tun, kann ich natürlich nichts dafür; Aber wenn du dich überzeugen lässt – aus deiner Liebe zu mir –, dann werde ich dir dankbar sein, sehr dankbar, Nancy. Mehr werde ich nicht sagen."

„Ich werde es nicht tun", sagte sie; und dann entstand eine Stille, die so lange dauerte, dass es sie beunruhigte. Im Allgemeinen war Arthur nur zu unterwürfig und darauf bedacht gewesen, sich zu versöhnen, um jede noch vorhandene Wolke zu vertreiben; aber dieses Mal sagte er nichts. Tatsache war, dass sein Kopf zu sehr mit einer Vielzahl von Gedanken beschäftigt war, um ihm Zeit zum Sprechen zu lassen. Er fragte sich auf eine Art verzweifelte Weise, was er tun sollte. Er hatte aufgehört, ein unabhängiger Agent zu sein, er konnte nicht nach Belieben dorthin gehen und hierher kommen. Natürlich sollte er die Autorität sein, alles zu entscheiden und jeden Schritt zu regulieren, den sie unternahmen; aber wie anders war das in Wirklichkeit, als es sich anhörte! Ein Mann hat das Recht, seine Frau dorthin zu bringen, wo er will – ja, wann sie gehen will; Aber wenn der Mann ein sanftherziger, großzügiger, törichter, impulsiver junger Mann in der Liebe ist, was wird dann aus seiner erhabenen Autorität? ungefähr so viel wie alle Schutzmaßnahmen, die das Gesetz einer Frau auferlegen kann, um sie vor Grausamkeit und Unterdrückung zu bewahren, wenn sie zufällig von Natur aus ähnlich ist und ihren Tyrannen liebt. Gesetz ist eine Sache und Liebe eine andere. Arthur wusste nicht, wie er sich Nancy widersetzen sollte, wie er ohne ihre Zustimmung und ihr Mitgefühl etwas unternehmen sollte, und er hatte bereits viele Anzeichen dafür erhalten, in welche Richtung sie sich entschlossen hatte. Sie wollte nach Hause , nach England, nach Underhayes, und er wollte, dass sie sich fernhielt und sich weiter von England entfernte. Sein ganzer Geist war mit der Diskussion darüber beschäftigt, wie man das bewerkstelligen und wie man sie von ihrem Wunsch abbringen könnte. Und er war sich des Schweigens nicht einmal bewusst, in das er versank und das sie für so absichtlich und mit der deutlichen Absicht, sie zu bestrafen, gehalten hatte. Sie fuhren in der Victoria, die sie so oft herumgetragen hatte, Seite an Seite und sagten kein Wort. Nancys Aussehen hatte sich bereits verändert. Sie hatte ihr Reisekleid für eine andere „Seide“ beiseite gelegt, die Arthur ihr gegeben hatte und die ebenfalls dunkelblau war; Darüber trug sie einen warmen Mantel mit weichem Pelzbesatz am Hals und an den Handgelenken, eine zarte kleine Haube, alles im Einklang mit dem anmutigen Pariser Geschmack, den man auf den Pariser Straßen genauso wenig findet wie in den Londoner Geschäften. sondern wohnt in seinem eigenen, kostbaren Schrein, abseits. All dies veränderte Nancys Aussehen wunderbar. Vielleicht war in ihrer Haltung, als sie zu Fuß ging, noch etwas, das die Tochter des Zöllners, das hübsche Mädchen einer Landstadt, ein wenig Schwung und Lautstärke, einen nachlässigen Schritt und eine trotzige Haltung zeigte; aber in der Kutsche an der Seite ihres Mannes, in diese Pelze gehüllt, völlig entspannt und wohlig liegend, hätte Nancy nach allem, was man sagen könnte, die Tochter eines Herzogs sein können. Während der Fahrt bemerkten viele Leute sie, das hübsche junge englische Paar, sonst so lebhaft, heute so wortkarg. Ein Mann kann nicht zur „Gesellschaft“ gehören, kann nicht in Eton und Oxford erzogen werden, auch wenn er nicht zur Gesellschaft gehört, ohne dass man ihn kennt, und es gab viele Leute, die Arthur Curtis erkannten und sich über seine Gefährtin wunderten – wer war sie?? Sie hatten zunächst nicht geglaubt, dass sie seine Frau war. Einer dieser Männer, neugieriger als die anderen, kam jetzt, als die Victoria in die Reihe kam, an den Rand des Weges und musste langsam gehen.

„Curtis! Bist du es wirklich, alter Kerl? Mir wurde gesagt, dass du hier bist, aber ich konnte meinen Augen nicht trauen."

„War irgendetwas Seltsames daran, dass ich hier war?" sagte Arthur und richtete sich auf. Dies war einer der Männer, die alles und jeden wissen und die es in ihrer Macht haben, wichtigeren Personen als sich selbst einen schlechten oder guten Eindruck zu vermitteln. Das brachte Arthur sofort auf den Punkt. „Du musst mir erlauben, dir meine Frau vorzustellen", sagte er, „meine Freundin, Denham, Nancy. Wir sind noch nicht lange hier."

Nancy war aufgeregt über diese plötzliche Begegnung mit einem von Arthurs Freunden, vielleicht einem von denen, die seine „Leute" kannten und zu dieser unbekannten Sphäre gehörten, vor der sie gleichzeitig neugierig und trotzig war. Sie wusste nicht genau, was sie tun sollte, ob sie ihm die Hand geben oder es unterlassen sollte. Glücklicherweise veranlasste sie der Instinkt der Bequemlichkeit, der keinen Positionswechsel nahelegte, sie nur, sich zu verneigen, und da diese kleine Geste von einem Erröten begleitet war, was für den Zustand und die Stimmung der Braut ganz natürlich war, fluchte der Neuankömmling vor sich hin, bei Jupiter! dass Curtis einen Preis bekommen hätte, wenn sie so gut gewesen wäre, wie sie aussah.

„Bitte entschuldigen Sie, dass ich Ihr häusliches Glück gestört habe", sagte er; „Aber die Wahrheit war, dass ich nichts gehört hatte – Es ist nicht viel los, oder? Aber Paris ist für diese triste Zeit des Jahres ein ebenso guter Ort wie jeder andere."

„Nein, ich glaube nicht, dass viel los ist, wir waren nirgendwo; und wir machen uns direkt wieder auf den Weg, nach Rom, glaube ich", sagte Arthur. „Paris ist leer wie andere Orte. Wir haben keine Menschenseele gesehen, die wir kennen."

„Ich glaube nicht, dass Sie danach gesucht haben", sagte Denham. „Hätte Mrs. Curtis Lust, den Bärenkampf in der Versammlung zu sehen? manchmal macht es Spaß. Wenn Sie möchten, werde ich mich am ersten guten Tag darum kümmern?"

„Solltest du, Nancy?" sagte Arthur und drehte sich zu ihr um. Nancy hatte keine Ahnung, was die Versammlung oder der Bärenkampf war. Sie zitterte förmlich vor Angst, etwas Falsches zu sagen. Sie, die noch nie zuvor gezögert hatte.

„Ich – ich weiß es nicht", sagte sie; „Ich mag keine – Kämpfe."

„Oh, sie haben alle einen Maulkorb“, sagte Denham lachend. „Meurices? Ich werde anrufen und Ihnen Bescheid sagen.“

„Danke, aber es ist die Mühe nicht wert; wir werden in ein paar Tagen losfahren.“

„Wenn du nach Rom gehst, ist Neville da“, rief der Fremde ihnen nach, als die Schlange schneller weiterzog; und er zog seinen Hut vor Nancy mit einer respektvollen Höflichkeit, die sie entzückte; Sie freute sich über die Neuheit, auch nur für einen Moment mit einem Fremden zu sprechen. Es machte die Luft etwas weniger ruhig und einsamer.

"Wer ist er?" fragte sie mit vorübergehender Ehrfurcht.

„Denham, er ist einer der Attachés hier, kein schlechter Kerl; aber redet wie ein halbes Dutzend alte Frauen.“

„Wir brauchen uns nicht darum zu kümmern, wie Mr. Denham redet“, sagte Nancy und hob leicht den Kopf. „Wir haben nichts, wovor wir Angst haben müssen. Er kann so viel reden, wie er möchte, was mich interessiert.“

„Gibt es das nicht? Aber er ist Sir John, nicht Mr. Denham“, sagte Arthur nachlässig.

Nancy saß etwas aufrechter da, schüttelte sich aus den Bandagen und ihre Augen glitzerten. „War das ein Baronet?“ sagte sie mit ein wenig Ehrfurcht und fügte dann hinzu: „Und das wirst du auch sein, Arthur. Ich verstehe es nicht, einem Herrn etwas anderes als Mr. zu sagen. Aber auch Sie werden ein Baronet sein.“

„Ich hoffe, nicht für lange Zeit“, sagte Arthur mit einem Seufzer. Es brachte ihn wieder auf den verworrenen Lauf seiner eigenen Angelegenheiten zurück. Er war von Natur aus nicht der Typ Sohn, der die Zeit berechnet, die vergehen muss, bevor er in sein Königreich kommt, und es war für ihn sehr seltsam zu sehen, wie die Augen seiner Frau bei dem Gedanken an diesen „Aufstieg im Leben“ aufleuchteten, was bedeutete der Tod seines Vaters. „Armer alter Gouverneur, ich hoffe, er wird hundert Jahre alt“, sagte er halb lachend, halb seufzend. Nancy schloss sich diesem Wunsch nicht an. Sie starrte ein wenig bestürzt auf den Gedanken.

„Was meinte – der Herr – mit Bärenkämpfen? Ist es ein Zoologischer Garten? An manchen Orten bedeutet Versammlung einen Ball“, sagte Nancy, „es war eher ein Durcheinander; Was hat er gemeint?"

„Er meinte das französische Parlament, in dem die Gesetze erlassen werden, so wie es das Unterhaus in England tut – oder zumindest können wir es der Beschreibung halber so sagen“, sagte Arthur; worauf Nancy mit einem etwas erschrockenen „Oh!“ antwortete voller Enttäuschung und Misstrauen.

„Gehen Damen an solche Orte? Ich dachte, Damen hätten nie etwas mit Politik zu tun."

„Meine liebe Nancy", sagte Arthur und nutzte die Gelegenheit, um belehrend zu sein, „wenn du in die Gesellschaft gehst, wirst du feststellen, dass die Leute viel über solche Dinge reden, ob sie sich nun darum kümmern oder nicht; Es *sind* die Dinge, über die die Leute reden. Und es ist vernünftig zu denken", fuhr er fort und verbesserte die Gelegenheit immer mehr, „dass man, wenn man in einem fremden Land ist, gerne sehen sollte, was dort am wichtigsten ist." Das wird immer als selbstverständlich angesehen. Sie sehen, Denham dachte, das wäre eines der Dinge, die Sie gerne sehen würden."

Dies brachte Nancy mehr zum Schweigen, als man es für möglich gehalten hätte. Sie hatte diesen Fremden noch nie zuvor gesehen und würde ihn wahrscheinlich auch nie wiedersehen; aber die Tatsache, dass er von ihr erwartet hatte, dass sie wusste, was er meinte, und dass sie sich für das französische Parlament interessierte, beeindruckte sie unendlich mehr als Arthurs eifrige Bemühungen um ihre Verbesserung. Waren Damen so, fragte sie sich unwillkürlich. Wie mühsam es wäre, eine Dame zu sein, wenn man von ihnen erwartete, dass sie sich darum kümmern würden – viele alte Männer hielten Reden, von denen sie kein einziges Wort verstand! aber das durfte natürlich niemand wissen. Sie war überwältigt und nahm Arthurs Predigt demütiger auf, als sie zuvor irgendeine seiner Lehrreden erhalten hatte. Sie vermutete jetzt, dass seine Schwester, diese Lucy, hingegangen wäre und jedes Wort verstanden hätte, dass ihr die Schauspielerei gefallen hätte, und darüber gesprochen und gelacht hätte, wie Arthur es getan hatte, dass sie viel in diesen dummen Alten gesehen hätte Bilder. Nancy schwieg und war bestürzt. Eine Dame zu sein schien ihr ein harter Beruf zu sein. Wie anders als im Fall von Underhayes war das Gespräch über Lizzie Brown und Raisins, den Lebensmittelhändler, in dem gemütlichen Wohnzimmer, in dem sich alle so wohl fühlten! Ihre Mutter und Sarah Jane fragten sie nie nach den Bärenkämpfen in der Versammlung oder wie sie M. Got mochte. Eine Sehnsucht nach der Heimat erfasste das Mädchen und eine Angst vor dem, was ihr bevorstand. Wenn sie es gewusst hätte, wäre das Gespräch über Lizzie Brown freilich ebenso sehr auf die Art von Sir John Denham wie auf die von Mrs. Bates zurückzuführen ; Aber dann war seine Lizzie Brown vielleicht eine Kaiserin, was mehr oder weniger einen Unterschied macht. Die beiden jungen Leute waren in der Gesellschaft des anderen noch nie so still gewesen. Sie fuhren so voller Gedanken zurück, dass keiner die Beschäftigung des anderen wahrnahm, und seltsamerweise dachten sie beide an ihre Häuser; Arthur, mit einem Stich, aber ohne den Wunsch, sich dort wiederzufinden – Nancy mit der stärksten Entschlossenheit, zurückzukommen. In Arthurs Augen lag ein halbes Lächeln, aber ein Lächeln, das seltsamerweise mit dem Schmerz hinter den Augäpfeln und der

leichten Verengung der Kehle verbunden war, was unauslöschliche Tränen
bedeutete, als sein Zuhause zwischen seinen Wäldern vor ihm aufzutauchen
schien. Er sah seinen Vater in seiner Bibliothek, seine Mutter in diesem
vergoldeten und mit Satin geschmückten Morgenzimmer, das *à la Louis
Quinze war*, das aber niemand für geschmacklos hielt, so wie wir Menschen
in einem Traum sehen. Sie sahen ihn weder an, noch begrüßten sie ihn, und
er wollte nicht dort sein. Wie konnte er Nancy dorthin bringen? Er war von
ihnen getrennt, vielleicht für immer, und er konnte sich kaum wünschen, dass
es anders wäre. Aber Nancy ihrerseits dachte mit viel lebhafteren Gefühlen
an ihr Zuhause. Oh, nur um dort zu sein! frei, all ihre hübschen Sachen, ihre
neuen „Seiden", ihre Schmuckstücke und Pelze zu zeigen: um allen zu zeigen,
wie gut sie war: um so zu reden, wie sie wollte, nicht dazu gezwungen zu
werden, etwas zu bewundern, was sie nicht verstand – nicht zu sein belastet
mit Bindungen, die über ihr Verständnis hinausgehen, Grenzen des
Sprechens, des Wortes und des Handelns, über die es nicht „gehört", nicht
„angemessen", vielleicht nicht „richtig" ist, dass sie gehen sollte. Zu Hause
hatte sie getan, was ihr gefiel, war nach draußen gerannt, wann es ihr gefiel,
hatte so laut gelacht, wie es ihr gefiel, war so unwissend gewesen, wie es ihr
gefiel. Es kam Nancy nicht in den Sinn, dass sie zu Hause dazu geneigt war,
auf ihrer Überlegenheit zu stehen, als jemand, der fünf Viertel in der Schule
war und insgesamt „einen Schnitt besser" als Matilda und Sarah Jane war.

Sie saßen an diesem Abend nach dem Abendessen da und gähnten ein wenig,
als Sir John Denhams Karte Arthur gebracht wurde. Er sah Nancy halb
zweifelnd an, ein Ausdruck, den sie sofort bemerkte.

„Soll er hinaufkommen, oder soll ich zu ihm hinabsteigen?" er sagte.

„Oh, ganz wie du willst", sagte Nancy, während ihr schnell der Gedanke
durch den Kopf schoss, dass Arthur sich nicht dafür entschieden hatte, dass
seine guten Freunde sie sehen sollten. Er sah sie wieder an; in Wirklichkeit
zu sehen, was sie wollte; Aber für Nancy schien es ein neugieriger Blick zu
sein, der sie überall kritisierte, ob sie vielleicht „sichtbar" sei.

„Ich werde hinuntergehen und ihn hochbringen", sagte er. Als er weg war,
betrachtete auch Nancy sich in einem der vielen Spiegel. Sie trug immer noch
das dunkelblaue Seidenkleid, das seit ihrer Ankunft in Paris für sie angefertigt
worden war, mit Spitzenrüschen am Hals und an den Handgelenken. Es war
sehr schlicht. Sollte sie rennen und das lachsfarbene Exemplar anziehen, das
viel schöner war, bevor Arthur mit dem Fremden zurückkam? Sie zögerte
einen Moment; aber ihr guter Engel mischte sich ein und hielt sie still. Sir
John Denham hielt sie im Großen und Ganzen für eine damenhafte junge
Frau, als er den Raum betrat. Offensichtlich muss das Geschäft insgesamt
etwas Seltsames haben, dachte Denham. aber sie war sehr hübsch und sah ,
soweit er es beurteilen konnte, *hervorragend aus*.

„Ich muss mich tausendmal entschuldigen", sagte er, „aber ich hielt es für besser, selbst zu rennen und meine Geschichte zu erzählen, in der Hoffnung, dass Curtis als alter Freund für mich eintreten würde." Darf ich in einem so unpassenden Moment überhaupt den Mund öffnen? Tausend Dank; Ich wollte Ihnen sagen, wenn Sie morgen um zwölf im Palais de Justice wären, könnte ich Sie dort mit La Pic, einem Freund von mir, treffen und Sie aufnehmen. Es wird wahrscheinlich eine *Interpellation geben* mag amüsant sein – und wenn du so schnell weitermachst –"

„Das ist sehr nett von dir, Denham, ich bin sicher, dass es meiner Frau gefallen wird."

"Frau. „Curtis sieht ein wenig zweifelnd aus, denke ich", sagte Denham, „aber natürlich dürfen Sie nichts gegen mich haben. Nur wenn es Sie amüsiert."

Nancy schwankte zwischen zwei Kursen; sie war versucht, ein wenig Tapferkeit an den Tag zu legen, kühn ihre Unwissenheit zu bekennen und die Ansprüche zu beschämen, die ihr Mann in ihrem Namen erhob; und andererseits war sie auch versucht, sich diesem Fremden zu empfehlen, der ein echter Baronet war und feiner als jeder andere, mit dem sie jemals zuvor gesprochen hatte. Warum sollte sie ihn sehen lassen, wie wenig sie wusste? Und in diesem Zögern brauchte sie lange, um eine Antwort zu finden.

„Ich verstehe nicht viel von – Politik", sagte sie.

„Vor allem die französische Politik, nehme ich an", sagte Sir John lächelnd und zeigte große weiße Zähne. „Das sollte ich mir denken, Mrs. Curtis; *Ich* verstehe sie nicht, obwohl es meine Sache ist; Aber es ist schön zu sehen, wie sie aufeinander losgehen und nicht für alle Präsidenten der Welt stillhalten werden. Ich hoffe, Curtis hat Sie ein wenig von Paris sehen lassen. Wir müssen ihm vermutlich entschuldigen, dass er Sie so völlig für sich behält."

„Wir waren schon ein oder zwei Mal im Theater", sagte Arthur nachlässig, „das ist alles; wir sind nur auf der Durchreise."

„Und es tut mir leid, dass noch nichts los ist; Wenn du nach Weihnachten bleibst, könnte ich dir von Nutzen sein. Einige der Bälle im Karneval sind einen Besuch wert. Aber warum sollte ich das Ihnen erzählen, der wahrscheinlich viel besser weiß als ich –"

„Oh nein", sagte Nancy, „ich war noch nie in Paris."

„Ah, das macht aus –", sagte Sir John. „Tatsache ist, dass ich mich gefragt habe, dass ich dich nirgendwo gesehen habe; Was für ein Glück für Curtis, Ihnen so viele neue Dinge zeigen zu können. Aber es ist nicht viel los. Ich nehme an, du fährst über Weihnachten nach Oakley, Curtis. Glücklicher Kerl, der nichts anderes zu tun hat, als sich zu amüsieren. Lege mich den

Damen dort zu Füßen; Ich habe Lady Curtis oder Ihre Schwester seit Ewigkeiten nicht gesehen. Ein armer Bettler wie ich wüsste nicht, was er mit einem solchen Ort anfangen soll, sonst würde ich dich beneiden, Oakley. Was für ein Platz! Was für ein Wald! Was für ein Park! Nur in England sieht man so etwas."

„Du warst schon immer ein Romantiker, Denham, Oakley ist nichts Besonderes. Zu Hause zu sein ist sehr angenehm; aber als Modell eines englischen Hauses –"

„Ich behaupte, dass es so ist, und Mrs. Curtis wird zwischen uns entscheiden. Es handelt sich nicht um eine feudale Burg – ich gebe zu, dass Sie in dieser Hinsicht vielleicht noch Schöneres finden; Ich nehme an, es hat weder Wassergraben noch Kerker; aber für ein Herrenhaus – nun ja, wir haben hier nichts im Geringsten Vergleichbares. Stimmen Sie mir nicht zu, Mrs. Curtis? Sie sind noch nicht lange genug in der Familie, um ihre guten Dinge so abzuwerten, wie sie es tun. Ich bin mir sicher, dass Sie für Oakley stimmen werden, gegen alles, was Sie zwischen diesem und Rom sehen – ich warte auf Ihre Unterstützung."

Es war eine seltsame Situation genug. Denham verstand es nicht; aber er ahnte es und spielte gern mit der unbekannten Gefahr in Nancys zweifelndem Blick und Curtis' offensichtlicher Besorgnis. Nancy blickte ihren Mann mit spürbarem Zittern an. Sie wollte, dass er ihr Anweisungen gab und ihr erklärte, was sie sagen sollte. Wäre es allerdings möglich gewesen, dass er es ihr hätte diktieren können, hätte sie gerade diese Tatsache pervers gemacht. Schließlich sagte sie zögernd: „Ich habe so wenig gesehen – ich konnte es nicht beurteilen – ich war noch nie außerhalb Englands."

„Ah, das erklärt …", sagte Denham vage; und er war sehr verwirrt über diese zurückhaltende Braut, die weder für die neue Welt, die sie besuchte, noch für die alte Welt, die sie so kürzlich verlassen hatte, begeistert war. Er versuchte, sie zu verschiedenen Themen zu bewegen; aber Nancy, obwohl sie von Zeit zu Zeit einen Impuls der Selbstoffenbarung überkam und es auf ihren Lippen lag, ihm zu sagen, dass sie nichts von Oakley wusste und sich nichts darum kümmerte und niemals dort sein oder nach Rom gehen sollte und dies auch nicht tun sollte Aber egal, wovon er sprach, fürchtete sie sich dagegen so sehr, sich selbst zu verraten, dass sie sich zurückhielt, steif und schweigsam wirkte und kaum dazu gebracht werden konnte, ein Wort zu sagen. Was Arthur betrifft, so machte ihn seine Angst etwas aufgeregt und unruhig, sie nahm seinem Verhalten jegliche Leichtigkeit. Er wollte, dass sie sich an der Unterhaltung beteiligte und aus ihrer Zurückhaltung herauskam, in der sie sich eingeschlossen hatte; und doch hatte er Angst davor, was sie sagen würde, wenn sie einmal geweckt würde. Sie war ein kluges Mädchen mit viel natürlicher Energie und Kraft; Dennoch war es ärgerlich, wie völlig ratlos die

Tochter des Steuereintreibers Bates war, der Unterhaltung der beiden
Männer zuzuhören, die nicht klug waren, die aber von Natur aus viele Dinge
wussten, von denen sie keine Ahnung hatte. Zu dieser Versammlung, zu der
sie gehen sollte, was war das? Warum sollte sie gehen? Was war ein Inter-
Inter-Was? Ihre Welt und ihre waren völlig unterschiedlich, obwohl einer von
ihnen ihr Ehemann war. Sie war erleichtert, als sie in Klatsch verfielen und
anfingen, über Menschen zu reden, obwohl sie die Leute nicht kannte. Dort
konnte sie ihnen auch in ihrer Unwissenheit folgen; denn war sie nicht auch
eine Lizzie Brown?

KAPITEL V.

„Warum können wir nicht nach Hause gehen?" sagte Nancy. „Ich möchte nicht hier bleiben. Ich möchte nicht in Ihr Rom und Ihre Orte gehen. Was nützt es, mich mitzunehmen, um mich zur Schau zu stellen? Ich kann Englisch, aber ich kenne keinen dieser Fachjargons. Ich bin mir sicher, dass es hier kein gutes Französisch gibt; und was Italienisch betrifft, habe ich nie ein Wort davon gehört. Es dient nur dazu, mich lächerlich zu machen. Denham glaubt das, Arthur. Er kommt, sieht mich an und fragt mich nach der alten Dame So-und-So. Ich sage ihm, dass ich sie nicht kenne und dass ich sie nicht kennen möchte. Ich werde ihm eines Tages sagen, dass ich Lady Anybody noch nie in meinem Leben gekannt habe und dass *ich* ein Niemand bin. Das werde ich, wenn du mich nicht mitnimmst!"

„Sagen Sie es ihm bitte", sagte Arthur. Es macht mir nichts aus, was du ihm erzählst. Glaubst du, ich möchte nicht, dass du das glaubst? Du bist alles, was ich mir wünsche, Nancy, du selbst – besser, als wenn du ein Dutzend Lady Soundso gekannt hättest."

„Oh, aber ich bin sicher, du passt auf mich auf", rief sie. „Ich habe immer das Gefühl, dass dein Blick auf mich gerichtet ist, Arthur. Sie haben Angst, dass ich etwas Falsches sage; und ich habe auch Angst, außer wenn ich es tun möchte: Und wenn ich es irgendwann tun sollte, was ich sicher tun werde, wenn wir weitermachen, wird es dir nicht gefallen. Arthur, lass uns nicht weiter weggehen; Lass uns nach Hause gehen."

"Heim? Wo ist Zuhause?" er sagte. „Ich weiß nicht, ob ich willkommen sein sollte."

„Aber das sollte ich", rief Nancy. „Mutter und alle tanzten vor Freude. Und denken Sie darüber nach, wie viel besser wir sein sollten. Wir müssen hier eine Menge Geld ausgeben. Sie reden davon, weiter zu gehen, aber ich glaube nicht, dass Sie in der Lage sein werden, weiter zu gehen, wenn Sie sich damit befassen. Und ich weiß nicht, was wir ausgeben müssen: Du sagst mir nichts."

„Ich kenne mich selbst kaum", sagte Arthur mit einem ziemlich verwirrten Gesichtsausdruck. „Ich weiß nicht, was mein Vater – jetzt sollte alles anders sein."

„Und Sie reisen fort, ohne es zu wissen? Sie werden feststellen", sagte Nancy und wurde plötzlich praktisch, „dass wir viel Geld ausgegeben haben; immer Kutschen haben und ins Theater gehen –"

„Nicht zu viele Stücke."

"Zwei; und diese Musik, für die Denham uns Karten gegeben hat –"

„Mein Liebling, sei nicht böse – aber würde es dir etwas ausmachen, Sir John zu sagen?“

„Warum sollte ich Sir John sagen? Du nennst ihn immer Denham. Und als wir zu dieser Versammlung fuhren, gab es noch einen anderen Wagen. Ich nehme an, es wäre immer das Gleiche, wenn wir an andere Orte gehen würden; aber bei Underhayes wäre es nicht so. Wir könnten ein kleines Haus nehmen und es einrichten, und du hast so einen guten Geschmack, Arthur. Wir würden es so hübsch machen, und jeder würde sich freuen, uns zu sehen. Ich sollte alles verwalten und dafür sorgen, dass die Ausgaben im Rahmen bleiben, und du – du –“

"Ja!" sagte Arthur und nahm ihre Hände in seine, während sie neben ihm stand. „Was ist für mich? Ich sollte nichts zu tun haben.“

"Also! Wenn man genug zum Leben hat, was macht es dann schon? Es wird immer herrlich sein. Wir werden Spaziergänge machen. Erinnern Sie sich nicht an das Gemeinsame, wie schön es war? Und ab und zu fahren wir nach London; und am Abend können wir – du kannst mir laut vorlesen“, sagte Nancy und hielt etwas verwirrt inne. „Wir können zu Mutter gehen“, wollte sie gerade sagen; aber sie hielt instinktiv inne und hielt das im Hintergrund. Sie stand neben seinem Stuhl, fuhr mit den Fingern durch sein Haar und ordnete es mit sanften Berührungen immer wieder neu, von denen jede eine Liebkosung war. Es kam selten vor, dass sie in dieser zärtlichen Stimmung war, und er spürte, wie er darunter dahinschmolz. Manchmal beugte sie sich vor und legte ihre Wange an seine. „Du würdest mir alles Mögliche beibringen“, sagte Nancy. „Manchmal weiß ich, dass ich nicht gut gelaunt bin, Arthur. Ich mache dir viel Ärger. Es macht mich wahnsinnig zu denken, dass ich nicht wie du bin, dass ich dir nicht alle Ehre mache; Und dann überwältigt mich mein Temperament und ich sage, ich bin genauso gut wie sie, warum sollte ich mir die Mühe machen?“

Als sie dieses Geständnis machte, traten Tränen in Nancys Augen und schlichen sich in ihre Stimme. Sie hatte ihrem Mann noch nie zuvor den Geisteszustand offenbart, der sie so launisch machte, und als sie es erzählte, wurden all diese Launen des Temperaments, die Arthur gequält hatten, für ihn zu heiligen Dingen und im Licht der Liebe und Reue zu etwas Schönem. Er nahm diese sanfte Täterin in seine Arme, deren Eingeständnis alle ihre Fehler in Tugenden verwandelte.

„Tu es nicht, mein Schatz!“ er weinte; "nicht! Nicht wie ich? Du bist viel besser als ich. Tut mir das nicht gut? Nancy! Weißt du nicht, dass ich genauso stolz auf dich bin, wie ich dich liebe – und kann irgendetwas mehr als das sein? Dir beibringen! Was könnte ich dir beibringen? Du bist es, der es mir beibringt.“

Und er meinte, was er sagte, und sie meinte es bis ins Mark ihrer törichten jungen Herzen, und es war alles wahr und alles falsch, wie nur menschliche Dinge sein können. Obwohl Nancys Herz von der Zärtlichkeit ihres Geständnisses schmolz und überströmte, war sie so bereit, in einem Augenblick trotzig zu sein, und Arthur war genauso sicher, bald an ihr zu zweifeln, beunruhigt und besorgt, unsicher, was sie könnte es tun oder sagen. Aber keiner von ihnen war sich dessen im Geringsten bewusst, als sie zusammenhielten und sich gegenseitig bereuten und erklärten, dass nie wieder, nie wieder etwas ihre Harmonie und ihr volles Verständnis voneinander stören dürfe.

„Es gibt so viele Dinge, die du mir beibringen könntest", sagte Nancy und lächelte unter Tränen, „in unserem eigenen kleinen Haus zu Hause! Du könntest eine Dame aus mir machen. Oh ja, wir dachten alle, dass du das getan hättest, als wir verheiratet waren, aber jetzt weiß ich es besser. Aber du kannst eine Dame aus mir machen, Arthur, wenn du es versuchst."

„Du bist bereits eine Dame, mein Schatz", sagte er; Aber wie süß war dieses Bewusstsein dafür, was in ihr selbst fehlte, und die Zuversicht, dass er ihr alles mitteilen konnte, was sie wollte! Es war wie eine Inspiration direkt vom Himmel.

„Ich werde studieren, was immer du willst", sagte Nancy. „Wir könnten uns dem hingeben, wenn wir nur in einem eigenen kleinen Haus wären. Was immer du willst, Arthur; Französisch, wenn Sie so wollen, denn ich schäme mich, es nicht zu verstehen, wenn Sie es so gut sprechen, und ich glaube nicht, dass das, was ich in der Schule gelernt habe, besonders gut gewesen sein kann; und über Bilder und Gebäude und alles. Ich weiß *nichts*, Arthur. Ich konnte die Dinge nicht verstehen, worüber Sie gesprochen haben, Denham und Sie; und ich weiß, dass Sie sich über die Bilder und das Theater geärgert haben."

„Nein, meine Liebste, ich war nicht verärgert – vielleicht ein wenig enttäuscht; aber ich wusste, dass es daran lag, dass du noch nie welche gesehen hattest."

"Das war alles. Ich weiß es schon etwas besser; und, Arthur, wenn du ihm diesen Winter gönnen und mir helfen würdest, in unserem eigenen kleinen Haus! So nahe London wie Underhayes liegt, könnten wir hinaufgehen und uns die Dinge ansehen; und du könntest mir Bücher vorlesen. Ich glaube, ich kann alles sehen", sagte Nancy und lächelte ihn mit ihren feuchten Augen an; „Ein kleiner Salon mit Spitzenvorhängen und Fenstern, die sich zum Garten öffneten, und ein weiteres schönes kleines Zimmer mit Ihren Pfeifen darin, wo ich an Ihrer Seite sitzen konnte, während Sie Ihre Zigarre rauchten!"

„Aber, Nancy, könnte dieses schöne Bild nicht auch in Italien entstehen? Sie wissen nicht, was Italien ist. Keiner deiner trüben, nassen Tage, sondern immer mildes, helles, sonniges Wetter und der blaueste Himmel und solche mondhellen Nächte. Wir brauchen überhaupt nicht nach Rom zu gehen. Ich kenne ein kleines Dorf mitten im Wald mit Blick auf das Meer. Nancy! Du kannst dir nicht vorstellen, wie schön es ist!"

„Das ist mir egal", sagte sie mit einem kleinen Schmollmund. „Ich möchte nicht nach Italien gehen. Es ist so weit, so weit weg; und ich kann die Sprache nicht sprechen; und es ist so trostlos, unter Menschen zu leben und sie reden zu hören und es nicht zu verstehen."

„Aber du würdest sehr bald Italienisch lernen. Es ist die einfachste Sprache – das sagt jeder", sagte Arthur. „Du könntest es in ein paar Wochen abholen. Dort werden Sie sich schnell wie zu Hause fühlen. Die guten Menschen lieben alles, was schön ist. Oh, das sind wohl nicht alle gute Menschen. Manchmal werden sie zu viel von Ihnen verlangen; Sie werden dich vielleicht ein wenig betrügen, auf ganz freundliche Art –"

„Das konnte ich nicht ertragen!" rief Nancy. „Das ist das Einzige, was ich nicht ertragen konnte; und Ausländer sind alle so, Arthur; sie tun so, als wären sie freundlich, solange sie etwas zu gewinnen haben; aber es ist ihnen eigentlich egal. Oh! „Es gibt nichts Schöneres als England", rief sie und faltete die Hände, „und ein eigenes kleines Haus! Und im Sommer, wenn deine Leute vielleicht ihre Meinung geändert haben, Arthur, *dann* sollte ich keine Angst davor haben, sie zu treffen. Ich sollte sehr viele Dinge wissen, die ich jetzt nicht weiß. Und wir sollten so glücklich sein, beide zusammen, und niemand, der uns stört."

Arthur war zutiefst berührt. Es kam ihm nicht in den Sinn, an ihre eigene Beschreibung von „Ausländern" zu denken, die Freundlichkeit vortäuschen, solange sie etwas zu gewinnen haben. Nein, darüber hinaus dachte *sie* auch nicht daran. Nancy war ganz aufrichtig. Indem sie darüber sprach, war sie sich selbst davon überzeugt, dass dies wirklich alles war, was sie wollte, dass das Glück unter solchen Umständen von selbst kommen würde, ohne Ärger oder Unterbrechung; und auf welche andere Weise könnte das gesichert werden? Sie vertrat ihren Standpunkt so ernsthaft, dass sie alles, was sie zum Ausdruck brachte, wirklich spürte. Wenn er sie jedoch entführte und auf *seinem* Plan beharrte, hatte Nancy das Gefühl, dass sie nicht für sich selbst antworten konnte. Es war sowohl für ihn als auch für sie; es war sowohl zu ihrem Wohl als auch zu ihrem Glück. Und was könnte Arthur auf all das antworten? War die Tatsache, dass sie etwas wollte, nicht das stärkste Argument dafür, es zu haben? Seine eigenen Neigungen waren stark für Abwesenheit, und er glaubte, dass diese Lehre, von der sie sprach und die er durchaus beabsichtigt hatte, an der Riviera oder in der Villa inmitten der

Kastanienwälder von Castellamare viel besser verwirklicht werden könnte als anderswo in der Nähe des Hauses der Bates. Aber was konnte er gegen sie tun oder sagen? Er versuchte, sie dazu zu verleiten, darüber zu reden, was danach passieren würde, wann sie in die Gesellschaft gehen würden und wann er sie vielleicht nach Oakley mitnehmen könnte, um all seine Schönheiten zu sehen. Aber das war ein Thema, vor dem Nancy sehr zurückschreckte. Sie wollte nicht über Arthurs „Leute" sprechen, die sie nicht mehr „Leute" nannte. Als sie ihre Bekanntschaft machte, wollte sie dies auf eine Art und Weise tun, die sie verblüffen würde. Sie konnte den Gedanken an eine Herablassung ihrerseits gegenüber Arthurs Frau nicht ertragen. Nein, sie muss alle Schwierigkeiten überwunden haben und sich in der Lage fühlen, sich genauso als Dame wie alle anderen zu betrachten, bevor sie jene Damen traf, die ihre natürlichen Feinde und Rivalen waren. Um Arthurs willen würde sie ihnen aus dem Weg gehen, bis sie im vollen Glanz neuer Unterweisungen und Kenntnisse über sie herfallen könnte.

„Erzähl mir nichts über Oakley", sagte sie. „Alles, was ich tun konnte, war sicherzustellen, dass Oakley der Name war, als Denham davon sprach. Es macht mich wütend, davon zu hören. Ich, deine Frau, weiß es nicht, weiß nichts davon oder von ihnen! wenn jeder arme Lakai eines Botschafters dorthin geht."

„Seien Sie nicht zu streng mit dem alten Denham", sagte Arthur lachend. „Wie würde er sich freuen, Sie zu hören! Aber nicht Denham, Nancy, wenn du mich liebst. Dein Mund ist nicht dazu geschaffen, Worte auf diese nachlässige Art und Weise fallen zu lassen."

„Oh, Unsinn, Arthur! Was soll ich sagen? Sir John ist so formell. „Wenn es falsch wäre, würde *man nicht Denham sagen", sagte Nancy und erholte sich ein wenig von der allzu* großen Liebenswürdigkeit dieser Episode; und dann fügte sie hinzu: „Sie haben mich gebeten, etwas für Sie zu tun. Ich werde es tun. Ich werde nicht mit dir verhandeln, aber ich werde es tun; Nur darfst du meinen Brief nicht sehen oder mich belehren. Ich werde aus meinem eigenen Kopf schreiben."

„Wirst du, Nancy? Du bist immer ein Schatz, immer freundlicher, als ich es verdiene; aber wenigstens lässt du es mich sehen – schickst du es mir mit?"

„Nein", sagte sie; "Nein nein Nein; aber ich werde schreiben. Wird Ihnen das gefallen? Und du wirst mir nachgeben, wie ein lieber, guter Arthur, und mich nach Hause bringen. Ich wünsche mir wirklich, nach Hause zu gehen."

„Das sieht so aus, als ob du meiner überdrüssig wärst, Nancy."

"Macht es?" sagte sie mit einem Lächeln und legte sanft ihren Arm um seinen Hals.

Sie war nicht süchtig nach Liebkosungen. In ihr lag eine Art grobe Zartheit und Zurückhaltung, die mit etwas mehr Sanftmut zu jener erlesenen Blüte der Bescheidenheit hätte werden können, die die Krone aller Anmut ist. Diese sanfte Berührung sagte mehr über sie als die völlige *Hingabe* der Liebe von einer anderen Person. Der arme Arthur war ganz niedergeschlagen; er konnte ihr nicht widerstehen; Ihre Zärtlichkeit erfüllte ihn mit unbeschreiblichem Glück. Wenn sie nur immer so bleiben würde, trotz allem, was er dafür bezahlen müsste, welcher Mann auf der Welt wäre dann so gesegnet wie er? Dass er selbst in diesem wunderbaren Moment die Geisteskraft hatte, sich nicht endgültig der Erfüllung ihres Wunsches zu widmen, war mehr, als man hätte erwarten können. Das lag vielleicht daran, dass „Denham" in diesem Moment eintraf, um sie zu einer Morgenvorstellung im „Conservatoire" zu begleiten, für die er ihnen mit Mühe und Eifer Karten besorgt hatte. Sie hatten nicht gehen wollen, aber „Denham" hatte darauf bestanden. Als er nach oben kam, ging Nancy weg, um ihre Haube aufzusetzen. Wie nahe war sie dem Erfolg gewesen! Ihr Herz war voller Zuversicht und Freude bei dem Gedanken, und dies verlieh ihrem Gesicht einen Glanz, der alles war, was es brauchte.

„Was hast du deiner Frau angetan? Sie strahlt. Sie wird einen großen *Erfolg haben*, und Sie und ich werden in ihrem Glanz erstrahlen", sagte ihr Begleiter zu Arthur, als sie in den Konzerträumen ankamen.

Wie stolz blickte Arthur sie an, begeistert und doch niedergeschlagen, wie sie war von dem entzückenden Gefühl, ihren Willen durchgesetzt zu haben oder beinahe durchgesetzt zu haben! Dieses Glück hatte Nancy den Ausdruck trotziger Wachsamkeit genommen, der ihrer Schönheit im Allgemeinen ein Gefühl der Unruhe und des Unbehagens verlieh. Zum ersten Mal seit ihrer Heirat wirkte sie entspannt und ohne Angst. Er war so in sie versunken, dass er weder ein bekanntes Gesicht in seiner Nähe sah, noch von einer Unterbrechung seiner Glückseligkeit träumte, bis in der ersten Pause der Musik jemand einen Fächer gegenüber von einer anderen Bank erreichte und ihn antippte auf dem Seitenstreifen.

„Warum, Arthur, Arthur! kennst du uns nicht?" sagte eine Stimme. Es schien das Blut in seinen Adern gefrieren zu lassen. Er drehte sich mit einem Gefühl absoluter Bestürzung um.

Hinter ihm – wie hätte er den grauen Kopf des alten Indianers, die überwältigende Haube seiner Tante, die zurückhaltende Korrektheit der englischen jungen Dame, alle drei hintereinander – übersehen können? – saß General Curtis, sein Onkel, Vater des Rev . Hubert, der Rektor von Oakley war, mit den beiden Damen, die ihm dienten. Was wäre so natürlich, dass diese hervorragenden Leute in Paris wären? Sie waren auf dem Heimweg von den deutschen Bädern, wo der General wegen seiner Gicht war. Und die Frau und die Tochter, die durch den Prozess, der den General für den Rest des Jahres ruinierte, zu Tode erschöpft waren, brauchten einen kleinen Vorgeschmack auf Paris, um ihre abgestumpften Seelen zu erfrischen. Es war Mrs. Curtis, die „Arthur, Arthur!" rief. Von dem Moment an, als Arthur mit der jungen Frau erschien, war eine Diskussion zwischen den dreien im Gange, deren Erscheinen diese Damen mit einem Schauer der Neugier erfüllte. „Mischen Sie sich nicht in Dinge ein, die Sie nichts angehen", knurrte der General. Es war bekannt, dass Arthur eine schreckliche Verbindung aufgebaut hatte, jemanden geheiratet hatte, der niemand war, und dass es ihm im Allgemeinen schlecht ging; und der Anblick von Nancy hatte diese Gruppe über alle Maßen erschreckt, als sie in ihrer zierlichen Pariser Haube glücklich und schön hereinkam.

„Sie sieht wie eine perfekte Frau aus, Mama; warum sollten wir nicht?" sagte Mary Curtis, die großzügig war und dazu neigte, „überschwänglich" zu sein.

„Es betrifft uns genauso wie jeden anderen, außer seinen Vater und seine Mutter", sagte Frau Curtis. Sowohl die Frau als auch die Tochter waren geneigt, sich dem Diktum des Oberhaupts des Hauses zu widersetzen. Sie hatten so viel für ihn durchgemacht. Jetzt befanden sie sich auf einem Boden, den sie als ihren eigenen ansahen und auf dem er nicht mehr die Oberhand hatte, und sein Widerstand verstärkte ihren Wunsch, in Arthurs Geheimnis einzudringen. Niemand in der Familie hatte sie gesehen, sie würden die Ersten sein, und selbst dieser Gedanke war angenehm. „Das ist Sir John Denham auf der anderen Seite; Wenn es ihr sehr schlecht ginge, würde er sich mit ihnen *in der Öffentlichkeit zeigen* ", sagte Mrs. Curtis.

„Was kümmert es so einen Kerl?" Der General knurrte zurück: „Die *Halbmonde* mag er am liebsten."

„Oh, sei still, Anthony, denk an Mary", sagte seine Frau, „er mag vielleicht die *Halbmonde* , wie du sagst; aber ich glaube nicht, dass er sich gerne mit ihnen *in der Öffentlichkeit* zeigen würde . Und wirklich, sie sieht sehr schön aus. Was für eine hübsche Motorhaube! Anthony, an deinem eigenen Neffen kommst du nicht vorbei."

„Ich werde ihm nichts zu sagen haben; Wenn Sie dies tun, müssen Sie die Konsequenzen ziehen", sagte der General.

„Oh, Mama, tu es!" rief Mary an ihrer anderen Seite. Und das Ergebnis war, dass Mrs. Curtis jemandem ihren Fächer über die Schulter legte und „Arthur, Arthur!" rief. und erfüllte den Geist des jungen Mannes mit unbeschreiblicher Bestürzung.

„Tante Curtis!" sagte Arthur und stand auf. Er wurde rot vor dem plötzlichen Notfall und der Überraschung: „Wer hätte gedacht, Sie hier zu sehen?"

„Wenn Sie überhaupt über das Thema nachgedacht hätten, hätten Sie vielleicht dafür gesorgt, dass wir hier sind", sagte Mrs. Curtis, und dann beugte sie sich vor und hob den Kopf, um zu flüstern: „Sie ist sehr hübsch, Arthur, und von." Natürlich findest du sie ebenso nett wie hübsch. Möchte sie mir vorgestellt werden?"

„Sie muss es sein, jetzt, wo Sie hier sind", sagte Arthur, nicht mit großer Begeisterung. Er nahm ihr Angebot viel zu leichtfertig als Selbstverständlichkeit auf, nicht mit der vornehmen Freundlichkeit, die sie beabsichtigt hatte. Aber ihre Neugier hatte einen sehr hohen Punkt erreicht, und in der Vorstellung, in Familienangelegenheiten vermitteln zu können, lag ein Hauch von Freundlichkeit und Selbstgefälligkeit. Außerdem unterhielt sich Sir John Denham vertraulich auf der anderen Seite der Braut, deren Aussehen in ihrer Pariser Haube nichts Außergewöhnliches war; und Sir John Denham war ein sehr nützlicher Mann, den man in Paris kennen lernte, und einer, dem sich viele Türen öffneten. Und obwohl ihr Mann murrte und sich zurückhielt, war ihre Tochter immer noch besorgter als sie.

„Oh, Arthur, wie hübsch sie ist!" Mary Curtis murmelte ihrer Cousine etwas zu, während ihre Mutter sich entschied. Es war Mary oder jemand wie sie, die hätte gewählt werden sollen, um den Posten zu besetzen, den Nancy sich gesichert hatte, um die zukünftige Lady Curtis zu werden. Wenn dieser Posten durch eine Auswahlprüfung besetzt worden wäre, wie es heutzutage bei Männern der Fall ist, hätte Mary ihn zweifellos bekommen; und da sie es ganz und gar als eine öffentliche Position ohne Bezug zu Arthur betrachtete (der schließlich nur ein notwendiger Helfer und nicht alles war), verspürte Mary ein lebhaftes Interesse an der erfolgreichen Kandidatin, gepaart mit Zweifeln an ihren Qualifikationen. Sie war bestrebt, sie zu inspizieren, um die Befriedigung des Gefühls zu erlangen – was ein sehr allgemeines Gefühl ist –, dass sie es selbst besser hätte machen können. Hätte dieses Mädchen auch nur die geringste Ahnung, wie es sich in einem so wichtigen Posten verhalten sollte? Mary gab ihrer Mutter kleine Stöße und Kneifen, um sie anzutreiben.

„Ich hoffe, Sie haben sie zu Ihrer Mutter mitgenommen, Arthur", sagte Mrs. Curtis, „sie ist natürlich die erste Person, an die man denkt. Ah, das hast du nicht, du unartiger Junge! Nun, wenn Sie es wünschen, werde ich zu ihr gehen und mit ihr sprechen, bevor die Musik wieder beginnt. Nein, Mary, nicht du, du bleibst besser, wo du bist. Papa wird sich ärgern, wenn wir beide gehen."

„Oh, Papa! „Es ist immer Papa", sagte Mary, als ihre Mutter an ihr vorbeisauste und sie fast von ihrem Platz fegte. Mrs. Curtis war groß und üppig, sowohl in der Figur als auch in der Drapierung, und sah aus wie die Gesellschaft, die sie verkörperte, als sie mit einer Feierlichkeit, die dem Anlass angemessen war, vorne in den leeren Raum vor Nancy schritt. Nancy blickte erschrocken auf, als diese große Dame kam, und wenn es zum Teil Trotz und Widerstand, zum Teil aber auch Schüchternheit, Schrecken und Unwissenheit darüber, was das Richtige war, waren, die sie davon abhielten, sich zu erheben, um diese imposante Erscheinung entgegenzunehmen Einführung. Mrs. Curtis machte ihr einen Knicks, den das Mädchen, das heiß errötete und zwischen Stolz, Scham und hilfloser Unwissenheit hin und her schwankte, nur mit einer kleinen, zitternden Neigung des Kopfes erwiderte. Oh, wenn sie nur wüsste, was am höflichsten und gleichzeitig am verächtlichsten ist!

„Ich fürchte, Sie wissen kaum, wer ich bin", sagte die große Dame, „Arthur hatte noch nicht viel Zeit, Ihnen von seinen Verwandten zu erzählen. Ich bin die Tante Ihres Mannes, Mrs. Arthur; wir alle mögen ihn sehr. Aber Sie haben noch niemanden aus der Familie gesehen, das tut mir leid."

„Nein", sagte Nancy und spürte, wie ihr heißes Blut in die Schläfen stieg. Sie konfrontierte ihre neue Bekanntschaft, ohne sie anzusehen, die Augen halb von ihren Augenlidern verdeckt, stumm trotzig. Arthurs Verwandte könnten kommen und sie anstarren und nach Belieben mit ihr reden, aber sie würde keine Annäherungsversuche machen. Und aus Ja und Nein könnten sie nicht viel machen, dachte sie.

„Arthur wird mir sagen, wo Sie sind, und ich werde Sie morgen besuchen", sagte Mrs. Curtis. „Ich denke, es ist nur seinetwegen richtig, und ich hoffe, dass du keine Angst vor mir haben wirst. Ich werde alles tun, was ich kann, um Ihnen von Nutzen zu sein, um Arthur willen, natürlich, wenn Sie es wünschen. Sir John Denham, glaube ich", fügte sie hinzu und drehte sich zu ihm um. Denham hatte sich, wie es die Höflichkeit erforderte, ein paar Schritte vom Familientreffen zurückgezogen. „Ich glaube, ich habe dich vor vielen Jahren bei den Carringtons kennengelernt, obwohl ich sehe, dass du mich vergessen hast."

„Als ob das möglich wäre!" sagte Denham in einem Ton, der Nancy halb beleidigte. Er hatte sich als ihr und Arthurs Freund ausgegeben; doch hier war er dem Feind ebenso freundlich gesinnt. „Aber ich fürchte, sie werden wieder von vorne beginnen. Wirst du diesen Platz einnehmen?", sagte er und bot ihr seinen freien Stuhl an. Mrs. Curtis hielt inne und dachte darüber nach, dass es mehr war, als von ihr verlangt wurde, sich *in der Öffentlichkeit* neben Arthurs Frau zu stellen ; in der Tat mehr, als unter den gegebenen Umständen völlig diskret war. Also machte sie eine Verbeugung vor ihrer zweifelnden Nichte und ergriff wieder Arthurs Arm.

„Ich fürchte, ich muss zu meiner eigenen Gruppe zurückkehren", sagte sie, „aber ich hoffe, Sie morgen zu sehen." Nancy fühlte sich für einen Moment ganz allein gelassen, während dieser unerwartete Eindringling in ihr Glück sich wieder an ihren Platz drängte, denn auch Denham hatte sie verlassen, wie sie durch einen Blick zurück sah, um die Bekanntschaft mit der schönen jungen Dame hinter ihr zu erneuern Auch Arthur blieb stehen und ließ sie allein vor sich sitzen. Der Lärm des Orchesters setzte wieder ein, den Nancy nicht ausreichend bewundern konnte, und ihr Kopf begann vor eifersüchtigem Schmerz und Elend zu schmerzen. Die Hitze des Ortes, die Trägheit des Nachmittags, das Krachen der Musik erzeugten überall um sie herum eine Atmosphäre der Verwirrung und widerlichen Unstimmigkeiten. Oh, wieder in der kleinen Stube zu Hause zu sein! Oh, Nancy Bates zu sein, ohne feine Damen, die man befragen könnte, oder nette Herren, die das Dorfmädchen an die Spitze dieser außerirdischen Versammlung drängen, wo alle Leute einander kannten und verstanden, was los war, außer ihr. Diese Frauen! Sie hatte nie mit einer solchen Inquisition gerechnet. Am liebsten wäre sie aufgesprungen und davongeeilt, egal wohin, nur um dann frei von all dem zu sein. Sie sagte sich, sie könne es nicht ertragen. Sie würde nach Hause gehen, was auch immer passieren würde; Mit Arthur oder ohne Arthur schien es jetzt keine Rolle mehr zu spielen.

KAPITEL VI.

N ANCY hatte genügend Zeit, sich zu beruhigen, bevor sie den versprochenen Besuch von Mrs. Curtis erhielt. Und Arthur, der immer so eifrig all ihren Wünschen nachgekommen war und so bereitwillig, all ihre Unzulänglichkeiten zu entschuldigen, blickte so ernst, als sie in Schmähungen über die „große, dicke Frau" ausbrach und ihre Entschlossenheit erklärte, nicht ausspioniert zu werden , dass selbst ihr Ungestüm einen Scheck besaß.

„Wenn du darauf bestehst, wegzugehen und sie nicht zu empfangen, wird es für mich ein großer Ärger und Schmerz sein", sagte er, „und dein gesunder Menschenverstand wird es dir zeigen, Nancy –"

„Ich habe keinen gesunden Menschenverstand", sagte das aufgeregte Geschöpf. „Ich habe nie so getan, als wäre ich vernünftig; Du wusstest, was ich bin, als du mich geheiratet hast, Arthur; und von einer Gruppe von Frauen ausspioniert und untersucht zu werden – ich kann es nicht ertragen und werde es auch nicht ertragen, für niemanden auf der Welt; nicht einmal für dich!"

Der arme Arthur antwortete nicht sofort. Mit aufgeregten Schritten ging er in dem kleinen Zimmer umher; Dann ging er zum Fenster und schaute mit ausdruckslosem und hoffnungslosem Gesicht hinaus. Vielleicht war Stille von allen anderen das, was Nancy am wenigsten erleben konnte. Sie saß da und starrte ihn an, bereit, sich sofort auf den Weg in ihr Zimmer zu machen, sich ihren Hut zu schnappen und hinauszufliegen, sie wusste nicht wohin; irgendwohin, um den Fesseln ihres neuen Lebens zu entkommen, die so unerträglich waren. Dass er ihr nacheilen, sie zur Rückkehr anflehen und ihr alles versprechen würde, was sie sich wünschte, schien Nancy sicher. Sie rechnete nicht damit, sondern war sich dessen sicher, ohne darüber nachzudenken. Aber sein Schweigen ließ sie erschauern, und als er sprach, kam es mit einer Stimme, die sie nicht kannte, einer Stimme, aus der alle Musik und alle Süße verschwunden zu sein schien.

„Ich weiß nicht, ob das irgendeinen Einfluss auf Sie haben wird", sagte er, „aber es lohnt sich, darüber nachzudenken: dass wir nicht völlig getrennt von meiner Familie leben können." Irgendwann müssen wir eine Erneuerung des Geschlechtsverkehrs anstreben. *Ich* muss danach suchen, nicht sie; und wenn meine Tante Curtis in der Zwischenzeit einen angenehmen Eindruck von Ihnen vermitteln könnte – wenn sie selbst dafür gewonnen würde, auf unserer Seite zu sein – ich sage nicht, dass das von großer Bedeutung wäre, aber dennoch wäre es ein Anfang. Ich weiß nicht, was du von meiner Familie hältst, Nancy; wenn Sie denken, dass es sich um wilde Tiere handelt, die man meiden sollte; aber sie lassen sich nicht vermeiden. Wir müssen nach ihnen leben, und es ist zu unserem Besten – es ist unerlässlich –, dass wir Freunde sind.“

"Freunde!" rief Nancy, atemlos vor Anstrengung, ihm zuzuhören und zu schweigen. „Dann kannst du mich genauso gut ein für alle Mal über Bord werfen, Arthur. Freunde! mit denen, die keine Notiz von mir nahmen – die mich in ihrem Brief nie auch nur namentlich erwähnten.“

„Das war meine Schuld – das war meine Schuld“, sagte er und drehte sich zu ihr um. „Ich hatte kein Recht, sie im Dunkeln zu lassen. Ich hätte zu meiner Mutter gehen und es ihr sagen sollen, und nicht alles in Löchern und Ecken aufbewahren sollen.“

„Du warst kein Baby!“ rief Nancy. „Na, du bist doch vierundzwanzig! Männer gehen nicht hin und bitten ihre Mutter um Erlaubnis wie Mädchen.“

„Das mag sein – aber die Menschen werfen auch nicht alle ihre Verwandten hin; reißen sich von ihrer Familie los. Und ich werde es nicht tun“, sagte Arthur mit plötzlicher Selbstbehauptung. „Ich werde alles auf der Welt tun, um dir zu gefallen, außer das. Ich werde nicht mit allen streiten, die mir gehören. Sobald ich eine Gelegenheit dazu bekomme, müssen wir uns mit ihnen versöhnen – *unbedingt* , Nancy, es gibt keine Alternative. Und warum sollten Sie diesen einfachen Weg ablehnen? Meine Tante ist eine freundliche Frau. Sie wird uns einen guten Gefallen tun, wenn sie kann. Versuche ihr zu gefallen, Liebes; Willst du nicht versuchen, ihr meinetwegen zu gefallen?“

Nancy war gerade aufgestanden, als er mit solcher Energie sagte, dass er es nicht tun würde: Aber etwas hielt sie fest. Ob es an der Vernünftigkeit lag, was unwahrscheinlich war, oder an der neuen Kraft und Energie, mit der er sprach, oder am Pathos der Bitte am Ende, lässt sich schwer sagen. Aber sie wurde festgenommen, ihre Aufmerksamkeit erregt und der Strom ihres hastigen Blutes gebremst. Vielleicht war doch etwas dran an dem, was er sagte. Es lohnte sich nicht, vor ihnen zu fliehen – ihnen aus dem Weg zu gehen, als ob sie Angst hätte. Sondern vielmehr, um ihnen ihre eigene Überlegenheit zu zeigen – sie davon zu überzeugen, dass sie genauso gut war wie sie und keinen Grund hatte, sich vor ihnen zu fürchten. Dies war vielleicht kaum das Gefühl, das Arthurs Rede erweckte; sondern vielmehr die Wendung, die es im Destillierkolben ihres eigenen Geistes nahm, in dem täglich hundert grobe Ideen gärten und verschmolzen. Sie setzte sich nach einem Moment wieder hin, als er aufgehört hatte zu sprechen. Arthur hatte sich trotz seines Appells zu sehr aufgeregt, als dass er sich genau darum gekümmert hätte, was sie dachte, und selbst das gab ihr einen heilsamen Anstoß für die Wende in ihren Gedanken. Es war ihm egal, aber er sollte sich darum kümmern – er sollte stolz auf sie sein – er sollte das Gefühl haben, dass die Menschen, die sie beleidigten, etwas über sich selbst beleidigten. Sie wollte nichts sagen und versprechen, dass sie sich bemühen würde, Mrs.

Curtis zu versöhnen. Nicht für ihr Leben; aber was sie sagte, musste kein Kriterium dafür sein, was sie tun würde. Sie nahm ein Buch, das zufällig auf dem Tisch lag, und tat so, als würde sie es mit einer absoluten Versunkenheit lesen, die ihr Schweigen rechtfertigte; Während er andererseits nicht sicher war, ob er sie bewegt hatte, sondern eher das Schlimmste befürchtete, ging er ständig zwischen Fenster und Tür auf und ab und war über die unmittelbare Frage hinaus aufgeregt, weil er sich zum ersten Mal geöffnet hatte die ultimative Angelegenheit mit sich selbst. Und als er einmal anfing, darüber nachzudenken, konnte er den Gedanken nicht mehr loswerden. Es war keine Frage der Zweckmäßigkeit oder Möglichkeit – etwas, das vielleicht getan werden sollte, aber möglicherweise nicht. Als er darüber nachdachte, kam es ihm so vor, als müsste er sofort alles erklären und seine Vergebung und den Empfang seiner Braut einfordern. „Ich habe Unrecht getan – aber es kann nicht rückgängig gemacht werden; und die falsche Hälfte ist auch nicht so ernst, wie Sie denken." Das musste er sagen. Seit er in Paris angekommen war, hatte er vorgehabt zu schreiben, hatte es aber als eine unangenehme Angelegenheit aufgeschoben, die von Tag zu Tag auf sich warten lassen könnte. Aber jetzt schien es ihm auf einmal, dass nichts so wichtig war. Was auch immer er sonst tat, er musste sich mit seinem Vater und seiner Mutter, seinem eigenen Fleisch und Blut, versöhnen. Wenn sie es nicht wollten, musste er es ertragen; aber seinerseits darf nichts unterlassen werden. Diese plötzliche Überzeugung wurde in ihm geweckt – war es der Anblick seiner Verwandten, war es Nancys unvernünftige und absurde Abneigung gegen sie? Er konnte es nicht sagen – aber die Tatsache, dass er jedes Gefühl von Nancys Seite für absurd und unvernünftig halten konnte, zeigte, was für einen Sprung er plötzlich gemacht hatte.

Erst einige Stunden später erschienen Mrs. Curtis und ihre Tochter – denn dieses Mal hatte Mary darauf bestanden zu kommen und sich Papa widersetzt.

„Wir haben in den letzten drei Monaten nichts anderes getan, als an Papa zu denken", sagte sie. „Ich denke, wir dürfen jetzt vielleicht ein wenig unseren eigenen Weg gehen."

Mary war sehr genau und wählerisch, der Inbegriff englischer Pflichterfüllung und präziser junger Dame. Aber es gibt einen Punkt, an dem Pflicht und Selbstverleugnung aufhören; und sicherlich ist es nicht zu erwarten, dass man die vierzehn Tage in Paris nach einem dreimonatigen Aufenthalt in einem deutschen Bad als Dienerin der Gicht in völliger Hingabe an demselben düsteren Heiligtum verbringen würde, zumal es dem General besser ging und er verwundet war durch all den Schwefel, den er zu sich genommen hatte, war er für das Jahr fit. Die junge Dame kam dementsprechend mit ihrer Mutter, neugierig und sogar gespannt darauf, wie sich die erfolgreiche Konkurrentin geschlagen gab.

„Ist sie eine Dame?" Mary hatte am Abend zuvor gesagt, als sie ihre Mutter ins Kreuzverhör nahm; aber Mrs. Curtis hatte es abgelehnt, sich zu verpflichten.

„Sie sagte nichts als nein, das habe ich gehört. Wie könnte ich das an einem Nein erkennen?"

„Ich hätte es erkennen können, wenn sie nur gehustet hätte", antwortete Miss Curtis; und es lässt sich vermuten, mit welchem scharfen Blick sie bereit war, ihre neue Cousine zu untersuchen. Sie kamen so spät, dass Arthur schon ausgegangen war und Nancy in ihrem blauen Kleid allein am Feuer saß, gerade als der Nachmittag in die Dämmerung sank. Sie konnten sich nicht einmal deutlich sehen, und Nancy begrüßte sie nicht besonders herzlich. Sie stellte sich gegen das Licht, so dass sie nichts von ihr erkennen konnten, und machte eine steife kleine Verbeugung, die sehr unbeholfen und selbstbewusst, aber dennoch nicht unanmutig war. Und dann setzten sie sich, nicht auf Nancys Einladung hin. Der Scheit flammte hin und wieder mitleidig auf dem Herd auf und warf einen Glanz auf die drei halb wahrnehmbaren Gesichter. Es war eine seltsame kleine Szene in dieser vornehmen Komödie, die wir das wirkliche Leben nennen.

„Es tut mir leid, dass wir so spät kommen", sagte Mrs. Curtis. „Wir haben unsere Freunde gesehen und ein paar notwendige Einkäufe getätigt; und es ist erstaunlich, wie Kleinigkeiten einen Wintertag ausfüllen; zu dieser Jahreszeit ist es bald vorbei. Wir sind länger als geplant in Deutschland geblieben, das Wetter war so mild. Ich hoffe, dass der General Sie vor unserer Abreise besuchen kann. aber jetzt, nach dem Baden, muss er auf sich selbst aufpassen." Da dies alles keine Reaktion hervorrief, fuhr Frau Curtis fort. „Ist Arthur draußen?"

"Ja." Nancy hatte vorgehabt, bei ihren Einsilben zu bleiben, aber es war schwierig, und sie fügte wider Willen hinzu: „Ich erwarte ihn sehr bald zurück; Er dachte, es sei heute zu spät für dich.

"Es tut mir so leid; Wenn er hier gewesen wäre, hätte er uns kennengelernt."

„Im Gegenteil", sagte Mary und mischte sich ein, „ich denke, wenn es Mrs. Arthur nichts ausmacht, wäre es besser, wenn meine Cousine nicht hier wäre." Frauen verstehen sich allein besser. Meinst du nicht auch? Ich für meinen Teil bin mir dessen sicher."

„Ich weiß es nicht", sagte Nancy aus der teilweisen Düsternis heraus; und dann gab es eine Pause.

Mrs. Curtis machte einen Neuanfang, und der Anblick der Dinge war so seltsam und die völlige Passivität von Nancy so offensichtlich, dass alle höflichen Finten unmöglich waren und der Besucher in den Kern des einen

Themas eintauchte, des einzigen Themas, über das er sprechen wollte Sie konnten sich einander nähern und fühlten sich dazu gezwungen, ob sie wollte oder nicht.

„Ich hoffe, Sie werden nicht denken, dass das, was ich sagen werde, aufdringlich ist; Aber darf ich fragen, ob es wahr ist, dass Sie nichts von der Familie Ihres Mannes gesehen haben, Mrs. Arthur – seine unmittelbare Familie, Lady Curtis oder Lucy oder irgendeinen von ihnen? Ist es tatsächlich so? Aber ich hoffe, dass Sie alles tun werden, um Ihren Mann mit ihnen zu versöhnen. Es kann nicht gut für dich sein, entfremdet zu sein.“

„Ich weiß nichts über sie“, sagte Nancy und warf den Kopf zurück.

„In der Tat tut es mir sehr leid. Ich denke, Arthur hätte es vielleicht besser hinbekommen. Wenn er seine Karten richtig ausgespielt hätte, hätten sie, als sie sahen, dass es nicht zu ändern war, sicherlich nachgegeben und Aufmerksamkeit auf Sie gelenkt.

„Ich wollte nichts von ihrer Aufmerksamkeit wissen“, rief Nancy, rot vor Zorn; und dann mischte sich Maria ein.

„Mama, ich glaube nicht, dass du es richtig behandelst“, sagte sie. "Frau. Arthur kennt Tante Curtis nicht. Oh, wie schade, dass deine Leute nicht darauf bestanden, meine Tante und meinen Onkel zu sehen! das hätte alles einfacher gemacht. Aber ich nehme an, Sie wussten es nicht.“

„Es war uns egal“, sagte Nancy und wurde immer heißer. Sie würde keine andere Antwort geben.

„Aber Ihre Leute hätten sich vielleicht darum gekümmert“, sagte Mrs. Curtis, „wie meine Tochter sagt. Ich hoffe, Sie nehmen es nicht übel, wenn ich sage, dass irgendwo eine sehr große Nachlässigkeit vorliegt; und Sie sollten alles tun, um die Dinge in Ordnung zu bringen. Es ist jetzt alles geklärt und keine Veränderung mehr möglich. Finden Sie nicht, dass Sie versuchen sollten, die Dinge in Ordnung zu bringen? Arthur mag dich vielleicht sehr gern; Ich wage zu behaupten, dass er es ist. Ich bin sicher, dass er einen guten Beweis dafür geliefert hat; aber getrennt von seiner Familie kann er nicht glücklich sein.“

„Dann kann er zu seiner Familie zurückkehren“, rief Nancy mit blitzenden Augen und stand plötzlich auf. „Wenn Sie ein Exemplar seiner Familie sind und zu mir kommen und mich so beschimpfen, obwohl Sie mich nicht einmal kennen –“

„Ich glaube nicht, dass Sie, Mrs. Arthur, das, was wir sagen, sehr freundlich auffassen. Welchen Zweck könnte unser Kommen haben, außer Ihnen – oder vielmehr Arthur – unter diesen Umständen zu helfen? Denn natürlich denken wir, die meisten von ihm, es sei nur natürlich; und sicherlich ist es deine Pflicht, zu tun, was du kannst, denn du bist es, der ihn in

Schwierigkeiten gebracht hat. Es kann für Sie keine Beleidigung sein, das zu sagen.“

„Ich wünschte, du würdest gehen“, rief Nancy hitzig. „Was hast du zu tun, wenn du hierher kommst? nur um mir zu sagen, dass ich Arthur im Weg stehe? Wie habe ich ihn in Schwierigkeiten gebracht? Habe ich ihn gebeten, mich zu heiraten? Habe ich mit ihm geschlafen? Du denkst, ich sei nur ein gewöhnliches Mädchen, und du bist eine Dame. Damen! Benehmen sich Damen so? – ein Mädchen zu schikanieren, wenn sie allein ist, wenn niemand in der Nähe ist – ein Mädchen, das ihnen nie etwas getan hat, das genauso gut ist wie sie?“

„Oh, das ist zu viel“, rief Mrs. Curtis. „Ich bin gekommen, um dir Ratschläge zu deinem Besten zu geben – um Arthurs willen; und so erhalten Sie es! Ich wollte dir helfen, wenn ich könnte.“

„Ich habe niemanden um Hilfe gebeten“, sagte Nancy trotzig und blickte sie an, immer mit dem Rücken zum Licht, unsichtbar, außer als Schatten. Ihr Herz schlug so, dass jede Ader zu platzen schien. Sie hatte nur einen Wunsch im Kopf, und der war, loszurennen, ohne anzuhalten, um Arthur zu sehen, ohne jemandem die Gelegenheit zu geben, sie noch weiter zu beleidigen, und so schnell nach Hause zu fliegen, wie der schnellste Zug sie tragen würde. Was waren die Curtises für Nancy? Wie konnte sie das von irgendjemandem ertragen, von dem man sich belehren und diktieren ließ, von ihr, die nicht einmal zu Hause gescholten worden war, der man nie einen Vorwurf gemacht hatte, deren ganzes Wesen sich in den Waffen gegen jeden erhoben hatte, der es wagte, Kritik zu üben? In allen Klassen gibt es Menschen, die ein Wort nicht tolerieren, in das man sich nicht einmischen darf, und für das es ein tödliches Vergehen ist, wenn man denkt, dass es nicht perfekt ist. Es kam ihr vor, als hätte sich das Blut in ihren Adern in Feuer verwandelt.

„Mama“, sagte Mary, „Mrs. Arthur hat völlig recht. Wir haben nicht das Recht, hierher in ihre eigenen Räume zu kommen und ihr zu sagen, was sie tun soll. Sie weiß besser, was zu tun ist, als wir ihr sagen können. Warum sollten Sie sich einmischen?“

„Weil Mrs. Arthur jung ist und es nicht weiß, Mary, und es ihre Pflicht ist, zuzuhören, wenn jemand zu ihrem Besten spricht“, sagte Mrs. Curtis, ihrerseits wütend. „Aber du brauchst keine Angst zu haben, mehr sage ich nicht. Ich möchte Ihnen nur einen guten Morgen wünschen, Mrs. Arthur. Es ist mir egal, was Sie tun oder nicht tun. Wenn ich die Dinge hätte glätten können, würde ich es tun; aber ich werde dir meine guten Dienste nicht aufzwingen. Ich hoffe, dass Sie Ihrem Mann eine große Freude machen werden, denn sonst wird es ihm bestimmt sehr schlecht gehen. Er hatte immer ein so gutes Verhältnis zu seiner Familie, und jetzt haben Sie einen völligen Bruch begangen.“

„Wirst du weggehen?" rief Nancy, wild vor Wut.

Mit erhobenem Arm machte sie einen Schritt nach vorne. Es ist unwahrscheinlich, dass irgendeine Provokation sie zum Streik veranlasst hätte; Aber wenn die beiden Damen erschrocken dachten, sie würde es tun, konnte es ihnen niemand verübeln. Dieser Anschein von Gewalt entsetzte sie. Solch ein bedrohlicher Aspekt einer Frau war den Sitten der Gesellschaft so fremd und ein so schwerwiegender Verstoß gegen jeglichen Anstand, dass tatsächliche Schläge keine größere Wirkung auf sie gehabt hätten. Sie wichen beide vor ihr zurück, ihre erschrockenen Bewegungen waren alarmierend. Nancy konnte ihre Gesichter nicht sehen, und sie konnten auch ihres nicht sehen.

„In der Tat werden wir gehen", rief Mrs. Curtis mit einem Tonfall, der vor Staunen und Zorn und der angedeuteten moralischen Angst zitterte.

Mary hatte ihre Hand auf die Tür gelegt, um sie zu öffnen, als plötzlich jemand von draußen hereindrang und Arthur ins Zimmer kam.

"Was ist los?" er weinte.

Alles, was er sehen konnte, war seine Frau im Licht des Fensters, drohend, mit erhobenem Arm, als wollte sie zuschlagen.

„Oh, Arthur, steh zwischen uns und ihr!" rief Frau Curtis. „Aber ich werde keinen Moment länger hier bleiben. Deine Frau hat uns rausbeordert. Du armer Junge, du kannst zu mir kommen, wenn du willst. Auf Wiedersehen. Es tut mir sehr leid für dich; aber ich kann hier keinen Augenblick länger bleiben."

"Was ist los?" wiederholte er mit einer Stimme, die scharf und scharf wie ein Schwert war, als die beiden Damen eilig verschwanden und er allein seiner Frau gegenüberstand und sie mit Augen ansah, die durch die Dunkelheit leuchteten. Ihre Hand war bei seinem Eintreten an ihre Seite gesunken, aber als sie seine Stimme hörte, hob Nancy, die außer sich vor Leidenschaft war, sie erneut und schüttelte sie in sprachloser Erregung vor ihm, dann drehte sie sich um und floh in ihr eigenes Zimmer, wobei sie mit den Geräuschen zusammenprallte Tür hinter ihr. Er hörte, wie sie in ihrer Wut den Atem anhielt und nach Luft schnappte, als sie davonrannte. Armer Arthur! er hatte keine Lust, ihr zu folgen. Diese Vorsichtsmaßnahme hätte sie sich vielleicht ersparen können. Er stand am Kamin und blickte traurig in den großen Spiegel, in dem er sich selbst als Schatten in der umgebenden Dunkelheit sehen konnte. Hatte sich nicht alles Leben in eine Vision von Schatten verwandelt, in der alles Schöne und Schöne um ihn herum verschwunden war? Er schien keine Macht zu haben, irgendetwas zu tun. Seine Tante zu verfolgen und zu versuchen, die Unhöflichkeit seiner Frau wiedergutzumachen, war ebenso unmöglich, wie diese Frau zu verfolgen und nach dem Sinn ihres seltsamen Verhaltens zu fragen. Er hatte kein Herz für irgendetwas. Er stand sozusagen inmitten der Trümmer seines Brautglücks, während alles um ihn herum zusammenbrach. Noch heute, vor ein paar Stunden, hatte sie bei ihm gestanden und ihn mit süßem Lächeln und Zärtlichkeiten betört, sie, die ihm in diesem Moment wie eine Furie entgegengetreten war, mit geballter Hand und Gewalt androhend. Er hatte in diesen ereignisreichen vierzehn Tagen viele Erschütterungen über sich ergehen lassen; Seiner Vorliebe für die Perfektion seiner Braut war die Blüte genommen worden. Aber das war der Höhepunkt von allem. Es schien ihm gleichzeitig Kraft und Hoffnung zu rauben.

Inzwischen war Nancy mit kochendem Blut, gerötetem Gesicht und vor Leidenschaft glühenden Augen aus der Dunkelheit in das sanfte Licht ihres Zimmers gestürzt, in dem die Kerzen angezündet worden waren und in das sie wie eine Furie in die Weite eintreten sah Das Glas, das ihr gegenüberstand, als sie hineinstürmte. Dieser Anblick ließ sie unwillkürlich innehalten; es ernüchterte sie auf einmal. War das der Aspekt, den sie gegenüber diesen Fremden hervorgerufen hatte? zu ihrem Mann? Der plötzliche Schock über ihr eigenes Erscheinen hatte mehr Auswirkungen auf sie als jede noch so große moralische Verwerfung. Sie beruhigte sich augenblicklich. Sie hatten sie beleidigt, versuchte sie sich einzureden; aber was würden sie von ihr denken, sagte ihr das Gewissen. Was würden sie von ihr denken? – und Arthur? Die Farbe verschwand aus dem Gesicht des törichten Geschöpfes; ein Schauer überkam sie. Oh, was sollte sie tun, was sollte sie tun? Sie hatte vorgehabt, sich ihnen aufzudrängen, damenhafter, ruhiger und kühler in ihrer Höflichkeit zu sein, als irgendjemand sonst sein könnte; und so kam es. In einer Leidenschaft voller Tränen und Reue warf sie sich neben ihr Bett. Wäre Arthur damals zu ihr gekommen, hätte sie sich ihm zu Füßen geworfen und ihn um Verzeihung gebeten; Aber Arthur wurde von ihr ferngehalten durch den Blitz, den sie selbst in ihrer Wut gezogen hatte, und durch – obwohl sie sich dessen nicht bewusst war – durch die Verzweiflung und Bestürzung in seinem Herzen. Sie warf sich auf den Teppich und fand Erleichterung in einem Strom von Tränen. Was für Tränen! heiß wie ihre Leidenschaft, überwältigend wie die Impulse, die nacheinander durch ihr Herz strömten. Er musste sie schluchzen hören, fühlte sie sich in der *Verlassenheit* ihres Elends; Und obwohl Nancy nicht schluchzte, um gehört zu werden, weckte es in ihr einen Hoffnungsschimmer bei dem Gedanken, dass er sie hören und erfahren musste, was es war, um sie zu trösten, sogar um sie zu schelten, so lange spielte das keine Rolle wie er kam. Aber außer ihrem Schluchzen durchbrach kein Laut die Stille. Die Kerzen brannten sanft und schimmerten im Spiegel, in dem sie sich spiegelte, wie sie dort auf dem blumigen Weiß des Teppichs lag, eine dunkle, elende Gestalt; aber es klopfte nicht an der Tür, keine Stimme bat um Einlass. Nach einiger Zeit, als ihre Leidenschaft erschöpft war, richtete sie sich auf, und ohne die Tränen von ihrem traurigen

Gesicht zu trocknen oder ihr zerzaustes Haar zu ordnen, öffnete sie leise die Tür und blickte in das Wohnzimmer, wo sie ihn zurückgelassen hatte. Dort wurde alles verändert; die Kerzen wurden angezündet, das Feuer neu gemacht, der Raum voller Wärme und Licht; aber kein Arthur. Es war leer und wurde von den Dienern in Ordnung gebracht, die nichts darüber wussten, was dort geschehen war. Und Arthur war weg. Wo war er hin? War er diesen Frauen gefolgt, die seine Verwandten waren, obwohl sie ihre Feinde waren? Hörte er ihre Geschichte, der sie zweifellos als einen sehr bösen und stolzen Teufel darstellen würde? War er, der die Ursache für alles war, auf die andere Seite übergegangen? Ihre Augen begannen wieder zu blitzen und ihre Adern füllten sich mit dem Feuer, das fast erloschen war. Sie ging zurück in ihr Zimmer, tauchte ihre brennende Stirn ins Wasser und strich ihr Haar glatt, das sie mit ihren leidenschaftlichen Händen ausgerissen hatte. Als sie dies getan hatte, stand sie einen Moment lang allein in der Stille zwischen den beiden Räumen und fragte sich, was sie tun sollte. Hatte Arthur sie verlassen? Würde er nicht wiederkommen? Eine sprachlose Bestürzung erfasste ihre Seele, gefolgt von Leidenschaftsausbrüchen und immer tieferer Verzweiflung. Es gab nur eine Sache, die ihr möglich schien, außer der Flucht, der sie in diesem schrecklichen Moment, in dem sie nicht sicher war, ob er ihr entflogen war, nicht gewachsen war. Wenn er im Nebenzimmer gewesen wäre, hätte sie vielleicht die Kraft gehabt zu fliehen; aber nicht mit dieser Unsicherheit und Angst im Kopf, ob er sie verlassen hatte. In dieser gewaltigen Notlage konnte sie nur eines tun. Hatte sie ihm nicht versprochen, seiner Mutter zu schreiben? Sie würde das jetzt tun.

Kapitel VII.

DIESE Periode des frühen Winters war in Oakley zu jeder Zeit langweilig. Von Oktober bis Weihnachten war es in der Familie nicht üblich, die übliche Landhaustruppe zum Schutz vor Langeweile einzuladen. Einige Wochen lang, nachdem die Rebhuhnjagd begonnen hatte, waren Besucher unterwegs – Mittagessen am Deck, Abendessen mehr oder weniger verschlafen, Abende mehr oder weniger fröhlich. Und auch zu Weihnachten war immer eine große Gesellschaft versammelt; aber zwischendurch war die Familie auf sich allein gestellt. Wie Sir John selbst seine Zeit verbrachte, war ein tiefes und ernstes Rätsel, das niemand vollständig lösen konnte. Er verbrachte es hauptsächlich in seiner Bibliothek – mit der Lektüre von Blue-Büchern, mit dem Schreiben von Briefen und mit etwas, das man Geschäfte nannte und das der Verwaltung seines Nachlasses dienen sollte; Aber jeder, der Sir John kannte, wusste, dass es in seinem einfachen Schicksal nicht viel über den zeremoniellsten Teil der Pflichten eines Herrschers hinausging. Das Anwesen war sein ganzes Leben lang sorgfältig verwaltet worden, und zwar von dem sorgfältigsten und vernünftigsten aller Beamten, Mr. Rolt, dem Sohn des letzten Agenten und dem Bruder des Anwalts in Oakenden, der sich um die Geldangelegenheiten der Familie kümmerte Hände. Und die Familie hatte sich in den letzten fünfunddreißig Jahren einwandfrei verhalten; Es hatte keinen extravaganten Erben gegeben, keinen schweren Vertrag, der seine Mittel schmälerte. General Anthony, der sich sehr gut geschlagen hatte, war Sir Johns einziger Bruder, das einzige andere Mitglied der Familie; und bei der Verwaltung der Finanzen des Hauses herrschte nichts als ungebrochene Seriosität und Diskretion. Das Anwesen lief auf Rädern oder auf Samt und verwaltete sich fast von selbst. Was die parlamentarischen Angelegenheiten und die Blue Books angeht, war Sir John ein solider, zuverlässiger Konservativer, der nie im Traum daran dachte, im Repräsentantenhaus den Mund zu öffnen. Er stimmte, wie seine Führer stimmten, die am besten urteilen konnten, und das Studium der öffentlichen Angelegenheiten, dem er sich auf diese Weise widmete, hatte den Vorzug der Desinteresse. Es kann nicht einmal gesagt werden, dass es von großer Bedeutung war, als er in einem parlamentarischen Ausschuss saß, denn er neigte dazu, sich über die Punkte zu verwirren, die er am besten kannte, und sein Wissen half ihm nicht in dem Moment, in dem es gebraucht wurde, wie Wissen eigentlich sein sollte machen; aber mit den Blue-Büchern und dem Nachlass glaubte er immer noch, sehr beschäftigt zu sein, und was könnte man sich mehr wünschen als das? Zwei- oder dreimal am Tag, besonders wenn es regnete, kam er in das Morgenzimmer seiner Frau, stand mit dem Rücken zum Feuer und redete, manchmal relevant, manchmal irrelevant, wie die meisten anderen Menschen. Aber er meinte es immer ernst, ob relevant oder nicht. Er hatte ein langes Gesicht mit grauem Schnurrbart und grauem

Haar und einer langen Oberlippe, die sich dicht über die schwache Unterlippe schloss, obwohl auch das Kinn ziemlich lang war. Sein Gesicht war in diesen Wintertagen, als es keine Nachricht von Arthur gab, so ernst, wie ein Gesichtsausdruck nur sein konnte. Ob er nun von seinem Sohn sprach oder nicht, Arthur war immer mehr oder weniger in Sir Johns Gedanken und näherte sich den ernsten Linien seiner langen Oberlippe nie im Umkreis von hundert Meilen, wenn er lächelte oder auch nur den Funken eines Lächelns aufblitzen ließ.

Lady Curtis war von ganz anderer Veranlagung. Selbst die letzte Trauer konnte in ihr nicht die Eintönigkeit der Melancholie hervorrufen, die ihrem Mann möglich war. Sie weinte, wie er nie weinte; aber dann lachte sie auch aus reiner Ungeduld über die Last der Langeweile und Eintönigkeit. Ihr Leiden war viel schlimmer als seine ständige Trägheit; aber es wurde durch schimmernde Aktivität, durch plötzliche Impulse, durch ständige Veränderungen unterbrochen. Sie stürzte sich in ihre Hauswirtschaft, wirbelte alle stillen Ecken auf und sorgte im Dienstbotensaal für Aufruhr, der eine Zeit lang den Familienfrieden bedrohte – und in die Pfarrei, wo Lucy nicht immer die Hilfe ihrer Mutter brauchte. Sie schrieb Briefe an ihre Freunde, halb zynisch, halb traurig und mehr als halb amüsant, in denen Arthur tatsächlich nie erwähnt wurde; aber wo so mancher schneidender Satz, scharfer Scherz oder spöttische Überlegungen den Stachel persönlichen Leids verrieten, den diejenigen, die sie am besten kannten, zwischen den Zeilen lesen konnten. Lady Curtis war klug. Hin und wieder schrieb sie Artikel in Literaturzeitungen, manchmal sogar in Zeitschriften; aber das war ein Genuss, auf den sie nicht stolz war, und sie schwieg klugerweise darüber, da sie klug genug war, zu wissen, dass eine solche Krone aus wildem Ölbaum schlecht auf der matronenhaften Stirn einer Landdame sitzt, einige Leute beunruhigt und nachgibt andere bieten Anlass zu bösartigen Sticheleien und Höflichkeiten. Sicherlich nicht ihr Mann, und selbst Lucy wusste nicht immer, wann sie das Amt der Kritikerin übernahm; und der fähige Redakteur, der ihre Rezensionen druckte, war sich nicht bewusst, was seine Mitarbeiterin fleißiger als sonst und noch verbitterter gemacht hatte. Es war Arthur, der den klaren Stahl dieser polierten kleinen Pfeile richtete, die sie auf die Welt abfeuerte. Sie tat es als Erleichterung für sich selbst; aber nicht, dass irgendjemand es wissen könnte. Und es muss hinzugefügt werden, dass dieses Sicherheitsventil eine gewisse Zufriedenheit auslöste. Dann gab es noch die Crewel-Arbeit und die Muster der Art Needlework Society, deren sie jedoch bald überdrüssig wurde. Insgesamt wurde die Aktivität von Lady Curtis aufs Äußerste angeregt. Sie hatte das Glück, eine Abfallquelle im Haus und einen Missbrauch in der Gemeinde zu entdecken; und sie stieß auf eine Reihe törichter Bücher, die sie kritisieren konnte, und begann eine Reihe von Aufsätzen über „Die niederen Moralvorstellungen der Gesellschaft“; und sie machte sich energisch an die Arbeit an einer Reihe von Vorhängen in einem kühnen und wirkungsvollen Muster ihrer eigenen Erfindung. Und so verführte sie die anstrengenden Tage.

Lucy war vielleicht weniger schwierig als ihr Vater oder ihre Mutter. Sie war jung, und es schien ihr immer noch, dass im Lauf der Natur alles, was nicht stimmte, wieder gut werden und jeder Bruch behoben werden musste. Sir John war der Meinung, dass sich nichts jemals bessern würde, und die seiner Frau, dass das Einzige, was man tun könne, darin bestehe, sich zu beschäftigen und sich einzureden, dass es weder Hoffnung noch Erwartung auf irgendeine Veränderung in einem gebe. Aber Lucy wartete so geduldig, wie sie konnte, und weinte manchmal über die Entfremdung ihres Bruders, aber ohne jegliche Verzweiflung; Die Dinge würden gut kommen, nein, sie müssen irgendwann klappen. Anzunehmen, dass Sie für immer von jedem getrennt sein könnten, der Ihnen gehörte, von jedem, den Sie liebten! Könnte es eine so große Torheit auf Erden geben? Es war eine Frage der Zeit, und die Zeit war lang und trostlos und schwer zu ertragen; aber doch nach und nach *natürlich* , wer könnte daran zweifeln? alles wäre gut. November und Dezember sind trostlose Monate, lasst uns das Beste daraus machen, und sehr trostlos auf dem Land, wenn der Tag um vier Uhr oder kurz danach vorbei ist und man Stunden um Stunden drinnen und drinnen verbringen muss ein großes, leeres Haus, überall durchdrungen von dem Gefühl der Abwesenheit, das so viel dringlicher und alles vorherrschender ist als jede Präsenz. Als Arthur zu Hause war, war sein Aufenthalt dort eine Selbstverständlichkeit, und niemand dachte viel darüber nach; aber als Arthur weg war! und auf diese düstere Weise fort, absorbiert in ein anderes Leben, getrennt von ihrem. Solch ein Argument könnte den Langweiligsten das Gefühl geben, dass eine Idee allem Soliden und Praktischen überlegen ist. In ihrem eigenen Zimmer, das Arthur selten betrat, vermisste Lucy ihren Bruder, und sie vermisste ihn, wenn er in der Pfarrei herumtrieb, wohin er nie mit ihr ging. Und Sir John vermisste ihn inmitten dieser Blauen Bücher, vor denen der Junge aus der Ferne Grimassen gezogen hatte, denen er sich aber nie näherte; und Lady Curtis spürte seine Abwesenheit, als sie für ihre Rezension schrieb, obwohl Arthur der letzte Mensch auf der Welt war, der etwas über Rezensionen wusste. Dies ist gleichzeitig die Verwüstung und die Macht des Todes, die unsere Atmosphäre und unseren täglichen Atem mit denen erfüllt, die er für immer aus unseren Augen entfernt; und das war es, was den Worten Kraft verlieh, die sowohl Vater als auch Mutter über Arthur sagten, als er sie verließ. Es war, als wäre er gestorben.

Die Damen der Familie verbrachten, wie gesagt, die meiste Zeit im Morgenzimmer, dessen zwei hohe Fenster zwischen den Säulen der Fassade hervorschauten. Der Salon, der groß und prächtig war, zu schön und zu groß, um darin gemütlich zu sein, litt darunter und hatte, außer wenn das Haus sehr voll war, fast den Eindruck eines unbewohnten Ortes. Das

Frühstückszimmer war in Ordnung, aber zu schön, dachten die meisten Leute heutzutage. Lady Curtis gehörte zu den Menschen, die den Einfluss der aufeinanderfolgenden Geschmackswellen, die von Zeit zu Zeit über das Gemüt des kultiviertesten Teils der Gesellschaft hinwegfegen, am stärksten zu spüren bekamen. Wäre es nötig gewesen, dieses Lieblingszimmer neu einzurichten, hätte sie es im Stil von Queen Anne getan, mit neutralen Farbtönen und „abgeflachten" Farben, gekachelten Kaminen und hohen Kaminsimsen. Und manchmal war ihr die blumige Wirkung ihrer *Louis-Quinze-* Dekoration etwas unangenehm; Aber es gab keine Entschuldigung dafür, das hübsche Zimmer, das die Kinder liebten, umzubauen. Es war üppig, daran konnte es keinen Zweifel geben. Das Gesims war reich mit Stuckkränzen, und es gab Amoretten, Leiern, Bandknoten und leuchtende Blumengirlanden. Der Teppich war aus weißem Aubusson mit einem großen Blumenstrauß in der Mitte, so blumig und leuchtend wie der, der Nancy in Paris glücklich gemacht hatte. Der Schreibtisch von Lady Curtis war ein *Bonheur de Jour* feinster Handwerkskunst, und verschiedene Gegenstände aus kostbarer Intarsienkunst standen blumig und zierlich da. Zwei robuste vergoldete Amoretten stützten den weißen Marmor des Kaminsimses, und die Satinvorhänge waren mit Schlaufen und Fransen versehen und mit aufwändigster Kunst geschmückt. Lucy saß auf einem Satinsofa und strickte Strümpfe für die Dorfkinder, während ihre warme Wolle in der Schublade eines mit Intarsien verzierten Tisches mit gebogenen Beinen lag, der halb so viel wert war wie das Dorf. Alles im Raum wurde nach dem Prinzip der Schönheit gestaltet, nicht aus Zweckmäßigkeit oder Komfort, der als Inspiration für verschiedene andere Stile der Haushaltsdekoration dienen soll, sondern allein aus Schönheitsgründen. Und vielleicht eignete es sich eher für das Zuhause einer Braut, wie Lady Curtis es gewesen war, als sie all diese hübschen Dinge um sich gesammelt hatte, als für den Mittelpunkt des Haushaltslebens, zu dem es geworden war; obwohl es in der Tat sehr zweifelhaft war, ob Lady Curtis, eine kluge, ungeduldige Frau, als Braut des guten Sir John jemals eine Ekstase des Glücks erreicht hatte. Sie liebte ihre zierliche Umgebung jetzt mehr als damals, als sie noch in all ihrer Frische war. Sie war sich der unerschütterlichen Güte und Wahrheit ihres Mannes bewusst, obwohl er nicht lebhaft und amüsant war und mehr Respekt vor ihm hatte und gleichzeitig ein zärtlicheres Gefühl für den Vater ihrer Kinder hegte, als sie vielleicht erwartet hatte der gute, langweilige Bräutigam, an den sie sich gebunden hatte, nicht ganz, wie es hieß, aus freiem Willen. Deshalb hatte der schöne Raum vielleicht nie jene Verkörperung von Glück, Luxus und Pracht bewahrt, zu der all diese Dekorationen von Natur aus gehörten. Heutzutage herrschte dort sicherlich keine luxuriöse Muße und kein Luxus; aber Sorge und Zweifel, wie sie zu einer sehr düsteren Umgebung passen würden. Lucy saß da und strickte, ihre Gedanken wanderten zu Arthur und versuchten, sich das schönste Winterwetter in Paris und ihren Bruder vorzustellen, der sich amüsierte, statt des regnerischen Himmels hier, der schlammigen Straßen und des grauen, elenden Tages. Lady Curtis saß wegen des Lichts auf ihrem Stuhl am Fenster und war mit ihren Crewels beschäftigt.

„Sie mögen über die höhere Kunst dieser gedämpften Farbtöne sagen, was sie wollen“, sagte sie, „aber die Natur ist in ihren Farbtönen nicht gedämpft. Wie mache ich die Herbstblätter in diesen Farbtönen? Sie sind von Natur aus hoch und hell.“ Sie sagte das, aber sie dachte die ganze Zeit an Arthur; und nach und nach kam Sir John aus der Bibliothek und schlenderte zum Feuer.

„Hast du noch keinen Tee getrunken?“ sagte er und stellte sich zwischen die Amoretten. „Ich dachte, du trinkst wahrscheinlich Tee. Was für ein trostloser Nachmittag! und die Hunde sind draußen. Sie müssen einen unangenehmen Lauf haben.“ So redete er mit seinen Lippen; aber in seinem Herzen waren seine Gedanken auch bei Arthur.

„Lucy war im Dorf, obwohl es so nass war. Sie sagt, es gebe einen sehr traurigen Aufruhr. „Junger Jack Hodge, der Sohn des Schmieds – sag es deinem Papa, Lucy“, sagte Lady Curtis mit einem Seufzer.

„Ich glaube nicht, dass es so schlimm ist“, sagte Lucy und stand auf, um den Tee zu kochen, der gerade gebracht worden war. „Und ich bin sicher, Papa wird das nicht denken; aber seine Mutter macht viel Aufhebens. Sie hat den Geistlichen der Dissidenten aus Oakenden herbeigeholt, um sie zu trösten; und wenn man ihn reden hört, könnte man denken, dass es wirklich sehr schlimm ist.“

„Was ist passiert“, sagte Sir John, „und warum ist Bertie nicht gegangen?“

„Oh, Bertie, Papa! Was nützt Bertie? Er hat einen Ausdruck in der Nase, als würde er jedes Mal, wenn er eine der Hütten betritt, etwas Unangenehmes riechen. Das Volk kann sich das nicht gefallen lassen, und warum sollte es auch? Ich denke, dass „The Dissenter“ im Großen und Ganzen besser war. Jack hat sich für einen Soldaten entschieden, das ist alles. Ich versuchte zu sagen, dass daran nichts besonders Schreckliches sei; aber sie wollten nicht auf mich hören.“

„Das ist alles die Schuld Ihrer Dissidenten“, sagte Sir John, „warum sollte der Junge sich nicht für einen Soldaten entscheiden? Sie würden die armen Menschen gänzlich beseitigen, diese Dissidenten, wenn sie könnten – und auch die Soldaten, nehme ich an. Sie würden uns alle schutzlos zurücklassen und jedem ausgeliefert sein, der sich auf den Weg macht. Sie haben selbst nie etwas. Ich nehme an, das ist der Grund dafür.“

„Nun, das ist keine schlechte Logik“, sagte Lady Curtis, „ich nehme an, sie denken, diejenigen, die etwas zu verlieren haben, sollten sich verteidigen.“ und sie seufzte erneut und dachte: Wo war der Sohn ihres eigenen Hauses, der sein natürlicher Beschützer war? Er war schlimmer als Jack Hodge, der seinem Land zumindest von Nutzen sein könnte, selbst wenn er seiner Mutter das Herz brach.

„Du meinst die Freiwilligen?" sagte Sir John, „aber ich habe nie an die Freiwilligen geglaubt. Es ist schön und gut, sie sich als Soldaten amüsieren zu lassen. Und vielleicht wären sie in dem Land, in dem sie von den Herren befehligt würden, die sie kennen", fuhr er nach einer kurzen Pause fort, wieder an Arthur und nicht an die Freiwilligen denkend und den Seufzer seiner Frau wiederholend, „könnten sie von dort sein." einige verwenden; aber ich vertraue ihnen nicht, wenn es um die Verteidigung des Landes geht. Danke mein lieber; An einem nassen Nachmittag wie diesem freut man sich über eine Tasse Tee."

Sir John war im Allgemeinen froh über seine Tasse Tee, wenn nicht aus einem Grund, dann aus einem anderen, weil er nass war oder weil er kalt war oder weil er schwül und stickig war oder weil er überhaupt keinen Grund hatte. Es bildete eine Pause am langen Nachmittag, an dem es nichts Interessanteres zu tun gab. Denn während er mit dem Rücken zum Feuer stand und die Tasse in der Hand hielt, redete er, wie es seine Art war, dumpf weiter.

„Es ist das Wesen der Demokratie, wissen Sie – wenn man den Soldaten, der dafür bezahlt wird, uns zu verteidigen, durch das ersetzt, was sie den Bürgersoldaten nennen, den Mann, der für seine eigene Verteidigung kämpfen soll: das ist das Wesen der Demokratie – es stellt fest, dass ein Mann genauso gut ist wie der andere und dass die Hodges sich genauso sehr darum kümmern wollen wie Sie und ich."

„Das tun sie sicherlich, Papa", sagte Lucy, „ihr Leben ist für sie genauso wertvoll wie unseres – für uns."

„Du weißt nichts darüber, Lucy; Sie sind nicht halb so wichtig für das Land, und es ist das Land, an das wir zuerst denken sollten", sagte Sir John. „Wo wären wir ohne Armee? Der Thron hätte keine Autorität – Freiwillige bedeuten Demokratie, meine Liebe."

„Und Jack Hodge ist Ihr wahrer Patriot", sagte seine Frau.

"Genau so. Das werde ich seiner Mutter sagen, wenn ich das nächste Mal im Dorf bin. Eine dumme Frau mit ihren Dissidenten, die ihr Unsinn in den Kopf bringen. Was könnte der Junge besser machen. Aber Bertie hätte dort sein sollen? „Bertie hätte gehen sollen", sagte der Baronet. „Ich gebe zu, dass es in den Hütten schlechte Gerüche gibt, Lucy; aber gewiss, wenn ich es ertragen kann, sollte er es ertragen; Und du sagst nie etwas über die Gerüche – ich glaube nicht, dass Bertie seine Pflicht erfüllen kann, wie es ein Geistlicher tun sollte. „Die jungen Männer von heute sind mir ein Rätsel", fügte Sir John mit einem weiteren Seufzer hinzu; und er stellte seine Tasse mit einem trüben Schulterzucken ab und schüttelte seinen grauen Kopf, während er langsam wegging.

Wie froh waren sie alle, als der lange Novembertag vorüber war und sie das unaufhörliche Tropfen des Regens und das Rauschen der toten Blätter an den Fenstern ausschließen konnten! Der Herbst war mild gewesen und das Laub hatte länger als gewöhnlich gehalten. Jetzt stürzte es mit jedem Atemzug, mit jedem Regentropfen herab, verstopfte die Wege und erfüllte die Luft mit dem traurigsten gelben Regenguss. An einem solchen Tag kam niemand die Allee herauf, es sei denn, es war ein geschleppter Dorfbewohner, der zur Tür der Dienstboten ging, oder der Pfarrer oder der Doktor, von denen keiner viel zur Befriedigung des Hauses beitrug; und auf die neblige Aussicht auf die Geisterbäume zu blicken, auf die vom Boden aufsteigende und vom Himmel fallende Feuchtigkeit, die beide ungefähr die gleiche Farbe hatten, denn selbst ein kurzer Novembertag ist für die Geister nicht erfreulich. Es war eine Erleichterung, als das Haus voller Lampen zu sein begann, als die Fensterläden geschlossen und die Vorhänge zugezogen waren. Lady Curtis hatte schon seit einiger Zeit kein Interesse daran, die Fensterläden ihres Lieblingszimmers bis zum Schlafengehen geschlossen zu lassen. Sie gab keinen Grund für diese Einbildung an, aber Sir John hatte daran etwas auszusetzen, und sie hatte nachgegeben. „Es war nicht sicher“, sagte er, „die unteren Fenster offen zu lassen.“ Es könnte jemand eindringen und das Haus in Angst und Schrecken versetzen, wenn nicht noch mehr.“ Lady Curtis war nicht aufgefallen. Sie beobachtete, wie der Diener sie wieder mit einem anhaltenden Seufzer schloss. Sie hatte nichts damit gemeint, als sie sie geöffnet hatte. Nein, nichts. Nur wenn so etwas passieren würde – irgendjemand würde von irgendeinem Impuls des Herzens plötzlich nach Hause kommen – nun ja, dann würde am Ende der Allee ein kleines Licht sichtbar sein, das ihn ermutigen würde. Nichts war unwahrscheinlicher, als dass so etwas passieren würde. Aber vorausgesetzt, dass das Unmögliche manchmal kam, wenn niemand damit gerechnet hatte, dann könnte das Licht vielleicht von Nutzen sein. Aber da niemand dies erklären oder etwas zur Verteidigung einer so schmerzhaften Vorstellung sagen konnte, wurde sie natürlich aufgehoben, als Sir John Einspruch erhob. Mylady saß auf dem vergoldeten, mit Satin gepolsterten Stuhl, der am Feuer stand, und warf einen letzten Blick auf die trübe Dämmerung, in der die Bäume wie Geister aufragten, während der Diener anfing zu schweigen. Es war ein trostloser Tag gewesen; Es war angenehmer, sich dem klaren Licht der Lampe im Inneren zuzuwenden, dem gedämpften Schimmer der Satinvorhänge, dem Funkeln des Feuers. Der Tag war endlich vorbei.

Und doch war es auch ein wenig trostlos, an die Stunden zu denken, die noch unerfüllt blieben – an den langen, stillen Abend, an dem ein wenig geredet wurde, sehr wenig, und an die Routine des Abendessens, die es zu erledigen galt, und an den stillen Abend danach, die Lucy und sie zusammen verbringen würden. Vielleicht würde sie arbeiten, und Lucy las laut vor; oder Lucy würde sich einer ihrer vielen Unternehmungen widmen, die heimeligerer Art waren als die Crewels von Lady Curtis, während ihre Mutter schrieb. Das Haus war sehr still, so wie es zu einem großen künftigen Haus wurde, es lag zusammengefaltet in der Dunkelheit, im großen Park, im feuchten Rasen und in den Wolken wasserreicher Bäume, ohne dass aus allen Fenstern vorn ein einziger Schimmer kam, der jeden willkommen hieße, der unerwartet, könnte aus der geschäftigen Welt herauskommen, um die Stille zu erkunden – das Unwahrscheinlichste, was auf der Welt passieren könnte; doch so etwas hatte es schon gegeben, und wer konnte das schon sagen? könnte sein. Ein Ereignis war noch möglich, und das war der Eingang der Post, die nach dem Abendessen eintraf, ein höchst unpassender Moment, sagten alle. Tatsächlich hatte Sir John oft vorgeschlagen, die Briefe nicht abzuholen, sondern sie, falls welche vorhanden waren, lieber bis zum nächsten Morgen liegen zu lassen, um der Familie in einem solchen Augenblick nicht die Verdauung zu verderben. Aber Lady Curtis hatte die Vorliebe einer Frau für Briefe und wollte davon nie etwas hören. Sie hatte keine Erfahrung mit den Briefen, die die Verdauung verderben. Die Rechnungen ihrer Putzfrauen bereiteten ihr kein Problem. Es ist davon auszugehen, dass sie in ihrem Leben nie Schulden gehabt hatte, und es gab auch keine Geheimnisse in ihrem Leben, vor denen sie Angst hatte; Ihre Briefe waren angenehme Abwechslung zur Monotonie und bereicherten die Ruhe ihres Landlebens; deshalb würde sie die Posttasche herbeibringen lassen, ganz gleich, was Sir John dazu sagen würde.

Und in dieser Nacht gab es zwei Briefe, die sogar im Haus selbst so etwas wie das Herzklopfen zu erwecken schienen, das in einer einzelnen Brust beim Anblick einer lang erwarteten Mitteilung flattert – zwei Briefe, die den Pariser Poststempel trugen, einer an meine Dame , einer an Sir John. Der Butler sah sie auf den ersten Blick, erkannte die Schrift des einen, vermutete die andere. Er flüsterte der Haushälterin etwas zu, bevor er mit ihrem Anteil am Budget zum Zimmer meiner Dame ging.

„Zusammenfassung von Mr. Arthur", flüsterte er ihr ins Ohr.

„Oh, lass mich schauen", sagte sie.

Es war etwas zu sehen, sogar die Außenseite der Buchstaben; und sie sahen einander über das andere hinweg an und stimmten ihrer Vermutung zu, was es war. Daly, der Butler, war ein Mann der Unterscheidungskraft. Er wusste genauso gut wie sie, dass, während Sir John immer gleich langweilig war, Mylady den Posten jeden Abend mit einem Schauer nervöser Unruhe erwartete. Er erkannte es an ihren Augen, an dem Griff ihrer Hand nach den

Briefen, an der blitzschnellen Prüfung, die sie ihnen gab und dabei ihre Enttäuschung stets zügelte. Aus diesem Grund trug Daly die Briefe meiner Dame besonders heute Abend als erster.

KAPITEL VIII.

„ LUCY, Lucy!" sagte Lady Curtis mit gedämpfter Stimme.

Es war der Poststempel, das dünne Papier des ausländischen Briefes, der Stempel des Hotels, die ihr ins Auge gefallen waren; und als sie den Umschlag öffnete, war ihr nicht in den Sinn gekommen, dass es sich nicht um Arthurs Handschrift handelte. Tatsächlich hatte Nancy Arthurs Handschrift kopiert und es war ihr zumindest für die Länge der Ansprache teilweise gelungen, ihre eigene wie seine zu machen. Als sie Lucy anrief, hatte sie die veränderte Schrift und die unerwartete Anrede darin bemerkt und war zu dem Schluss gekommen, dass Arthur etwas zugestoßen war und dass es sein Diener war, der schrieb. Lucy eilte zu ihr, sah ihre Aufregung, trat hinter sie und las über ihre Schulter hinweg den Brief, über den Lady Curtis einen alarmierten Blick warf und am ganzen Körper zitterte. Sie zitterten beide vor Aufregung, als sie weitergingen. Es war nicht das, was sie erwartet hatten; Es war weder ein Brief von Arthur noch eine Ankündigung seiner Krankheit, sondern etwas anderes, womit sie nicht gerechnet hatten oder woran sie nicht gedacht hatten. Es war der Brief, den Nancy in großer Eile und Verzweiflung geschrieben hatte, nachdem der Besuch von Mrs. Curtis so gewaltsam und plötzlich zu Ende gegangen war. Meine Dame las es, das Papier zitterte in ihrer Hand, und Lucy las es über ihre Schulter hinweg mit schmerzhaften, unterdrückten Ausrufen. Dies ist, was Nancy gesagt hatte: –

"Meine Dame,

„Arthur sagt, ich solle dir schreiben, obwohl ich nicht weiß, warum; und ich habe ihm gesagt, dass ich es tun werde, wenn ich sagen darf, was ich will, und es ihm nicht zeigen darf. Wenn Sie also beleidigt sind, wissen Sie, dass er nichts damit zu tun hat. Ich muss wohl sagen, dass es mir leid tut, obwohl ich nicht sagen kann, warum. Ich habe nicht an dich gedacht, als ich zugestimmt habe, Arthur zu heiraten? Warum sollte ich? In unserer Gesellschaftsschicht glauben wir nicht, dass die Mutter eines jungen Mannes das Recht hat, sich einzumischen. Ich habe nie an dich gedacht, deshalb behaupte ich, dass ich an dir nichts zu bedauern habe. Ich habe genug zu tun, um meinem eigenen Vater und meiner eigenen Mutter zu gefallen; Warum sollte er mit seinem nicht so umgehen wie ich mit meinem?

„Und was habe ich dir zu verdanken, seit wir verheiratet waren? Du hast nie etwas für mich getan. Sie haben ihm geschrieben, oder Sie haben Miss Lucy dazu gebracht, ihm an unserem Hochzeitstag zu schreiben, und haben mich kein einziges Mal genannt. Du wusstest, dass ich seine Frau sein würde, bevor er es bekam, aber du hast mir nie einen Namen gegeben. War das eine Möglichkeit, in mir den Wunsch zu wecken, Ihnen zu gefallen? Und das Beste, was ich tun konnte, war, überhaupt nicht an dich zu denken. Wäre das nicht genauso gut, als würde ich ihn gegen mich aufbringen, meinen Namen an meinem Hochzeitstag nie zu erwähnen? Und warum sollte ich Ihnen jetzt schreiben? Du bist alt und ich bin jung. Sie sollten derjenige sein, der zu Ihnen kommt und sich entschuldigt. Ich bin die Frau deines Sohnes; deshalb bin ich genauso gut wie du, was auch immer ich vorher gewesen sein mag; und ich war vorher ein ehrliches Mädchen und so gut wie alle anderen. Warum bist du dann nicht gekommen und hast *es* wieder gut gemacht? Es sind die alten Menschen, die den Jungen ein Vorbild sein sollten, nicht die jungen Menschen den Alten.

„Nachdem ich das gesagt habe, möchte ich Sie nur warnen, dass ich ihn getrennt halten werde, wenn Sie versuchen, Arthur dazu zu bringen, schlecht über mich zu denken, ihn von mir zu trennen (was Ihnen nicht gelingt, so sehr Sie es auch versuchen mögen). von dir. Wenn Sie ihn mögen, müssen Sie höflich zu mir sein, zu Ihnen und Miss Lucy, so großartige Damen Sie auch sein mögen. Du denkst, ich sei nicht besser als der Dreck unter deinen Füßen; aber wenn du mich nicht so behandelst, wie ich behandelt werden sollte, werde ich Arthur von dir fernhalten, damit du ihn nie wieder sehen wirst. Ich habe die Macht dazu, nicht wie du, die du keine Macht hast. Er kann auf seine Mutter verzichten, aber er kann nicht auf mich verzichten. Ich denke, es ist ehrlich, Ihnen das zu sagen, weil er darauf bestand, dass ich Ihnen schreiben sollte – ich hätte Ihnen nicht schreiben sollen – und weil ich vorhabe, nach England zurückzukehren und mich in Underhayes niederzulassen, um in meiner Nähe zu sein Menschen, die (im Gegensatz zu Ihnen) sowohl zu ihm als auch zu mir immer freundlich waren. Damit Sie, meine Dame, jetzt genau wissen, was ich meine, Sie und Miss Lucy, und was ich tun werde.

„ ANNA FRANCES CURTIS. ”

Lady Curtis war rot und aufgeregt; Ihre Augen leuchteten heiß auf ihren roten Wangen.

„War jemals jemand so unverschämt?" sagte sie und biss sich auf die Lippe, um nicht zu weinen, völlig überwältigt von der unerwarteten Beleidigung.

„Oh, Mama, das Mädchen meint es nicht so!" rief Lucy verzweifelt und versuchte, den Brief entgegenzunehmen. Es war schon schlimm genug, es einmal zu lesen, aber es wäre schrecklich, es so zu lesen, wie sie wusste, dass ihre Mutter es immer wieder tun würde und das Gefühl hatte, dass die Ungeheuerlichkeit immer größer wurde. Lucy streckte ihre Hand danach aus, um es wegzunehmen.

„Ich werde es dir nicht geben, Lucy. Ich weiß, was du vorhast; es ins Feuer zu werfen, damit ich es vergesse und denke, dass es nicht halb so schlimm ist."

„Nein, Mama; aber warum solltest du darüber nachdenken? Sie schrieb es hastig. Sehen Sie, in jeder Zeile steckt Eile; aber wir werden es in Ruhe lesen und es immer wieder durchgehen. Sie ist so ungebildet, so unerfahren; und wenn du nur darüber nachdenkst, liegt darin eine Art brutale Gerechtigkeit, Mama.“

„Wie kannst du es wagen, das zu sagen?“ rief Lady Curtis, in deren Geist der unmittelbar erlittene Schmerz und die erlittene Verletzung zu heftig waren, um auf diese Weise geglättet zu werden, und die im Moment genauso wenig in der Lage war, nach der absoluten Gerechtigkeit der Angelegenheit zu fragen wie Nancy selbst. Die Tränen begannen in ihren Augen zu glänzen, Tränen echten Leidens. „Das ist es, was uns unsere Kinder bringen“, sagte sie; „Sie, für die wir bereit sind, jedes Opfer zu bringen – Beleidigung, die Zurschaustellung eines armen Geschöpfs in unserem Gesicht, sicherlich nicht so viel wert wie seine Mutter für ihn, Lucy; dich nicht wert – *du* , mein Kind; dessen kann ich mir zumindest sicher sein; und sein Zuhause und alles, was im Leben wertvoll war –“

Und in einem heißen, plötzlichen Schauer fielen einige kochend heiße Tropfen auf ihre Hände. Im Alter von Lady Curtis sind die Tränen nicht von Dauer; sie kosten zu viel; Nur ein scharfer Stich wie dieser konnte sie hastig und unwillig aus ihren Augen reißen.

„Ich weiß, es ist schwer, sehr schwer; aber, Mama –“

Lucy wurde durch das Geräusch der schweren Schritte ihres Vaters unterbrochen, der sich dem Zimmer näherte. Er öffnete die Tür und kam hastig herein. Auch er hatte einen Brief in der Hand und hielt ihn seiner Frau hin, als er nach vorne trat.

„Er hat endlich geschrieben“, sagte er. „Es ist eine schöne Sache, so lange darauf gewartet zu haben. Schauen Sie, Elizabeth, wenn Sie lesen können, was Ihr Junge sagt.“

Lady Curtis nahm den Brief entgegen und schaute besorgt in das Gesicht ihres Mannes, um herauszufinden, welche Bedeutung er hatte. Und dann lasen Lucy und sie es, wie sie das andere gelesen hatten, das Mädchen über der Schulter ihrer Mutter. Der bloße Anblick von Arthurs Handschrift berührte sie. Er hatte ein paar Worte an Lucy geschrieben, um ihr für das Geld und den Segen zu danken, der ihm an seinem Hochzeitstag überreicht wurde; aber abgesehen von diesen wenigen warmen Worten hatten sie seit dem schmerzlichen, heftigen Brief, den Lady Curtis nach dem Besuch von Mr. Rolt, dem Anwalt der Familie, in Underhayes erhalten hatte, nichts mehr von ihm gehört. Und das hatte den Damen so viel Kummer bereitet, dass der bloße Anblick der lieben und vertrauten Handschrift es zurückbrachte. Sir John ging, wie es seine Art war, zum Feuer, lehnte sich an den Kaminsims und wandte ihnen die Trägheit seines langen, melancholischen Gesichts zu, das auf die eine oder andere Weise kaum eine Veränderung seines Ausdrucks erkennen ließ. Seine schwere Ruhe, die nicht ungetrübt von Sorgen war, stand in scharfem Kontrast zu den eifrigen und ängstlichen Blicken seiner Frau und seiner Tochter, die bereits verstört und aufgeregt waren. Sie lasen, atemlos vor Angst und Eile, flogen über das Papier und erfassten dessen Bedeutung fast mit einem Blick auf eine Weise, die für ihn wunderbar war. Er schüttelte leicht den Kopf, als er diesen schnellen Prozess sah; es sei unmöglich, dass sie es verstehen könnten, sagte er sich; sogar Arthurs Brief! überflog alles mit weiblichem Mangel an Gründlichkeit, als wäre es ein Buch gewesen.

Arthurs Brief war, soweit es die äußere Form betraf, recht pflichtbewusst.

„Mein lieber Vater,

„Sie denken vielleicht, dass ich etwas über die lange Pause in meinen Briefen sagen sollte, und ich bin mir bewusst, dass dies nicht ohne Grund geschehen würde; aber was soll ich sagen? Meine Ehe war wirklich die Sache, die mir am meisten Sorgen bereitete. Ich wäre bereit gewesen, mich für die Indiskretionen, die damit einhergingen, und für den grundlegenden Fehler, Ihnen meine Wünsche und Absichten nicht von Anfang an dargelegt zu haben, zu entschuldigen. Aber das ist jetzt zu spät, und Sie müssen mir erlauben zu sagen, dass der seltsame Schritt, den Sie selbst unternommen haben, als Sie Rolt nach Underhayes schickten, um sich in meine Angelegenheiten einzumischen, das Schweigen, in das ich mich seitdem geflüchtet habe, als respektvoller gegenüber Ihnen rechtfertigt als alles, was ich sagen kann. Ich vertraue darauf und möchte glauben, dass die außergewöhnlichen Vorschläge, die er gemacht hat, nicht von Ihnen stammen; Nichts anderes als der Verstand eines kleingeistigen Anwalts hätte solche Mittel vorschlagen können, um eine ehrenhafte Bindung zu überlisten und zu vereiteln. Ich kann dem Urheber dieser Vorschläge niemals mit Höflichkeit begegnen, und es ist der Wunsch, nichts zu diesem Thema zu sagen, der mich selbst Ihnen gegenüber zum Schweigen gebracht hat.

„Ich schreibe jetzt über eine ernste Angelegenheit, auf die wir Sie aufmerksam machen müssen. Das Taschengeld, das mir in Oxford oder als ich mich in einer anderen Lebenslage befand, ausreichend war, ist natürlich für die Ausgaben eines verheirateten Mannes völlig unzureichend. Meine Frau und ich sind im Begriff, nach England zurückzukehren, und auf ihren Wunsch werden wir zunächst nach Underhayes weiterreisen, wo ihre Familie lebt. Unsere Pläne sind noch nicht entschieden; Aber die erste Voraussetzung für jede Vereinbarung besteht darin, genau zu wissen, in welchem Umfang Sie bereit sind, mein Einkommen zu erhöhen, damit ich in der Lage sein kann, für die erhöhten Ausgaben aufzukommen, denen ich jetzt ausgesetzt bin. Wir waren einige Wochen in Paris, und ohne die Unterstützung, die mir die Großzügigkeit meiner Mutter gewährte, wüsste ich nicht, wie ich meiner Frau alles hätte leisten können, was meine Frau und die Tochter von Sir John Curtis unentbehrlich waren. Das Gesetz hätte es tun sollen. Dabei handelt es sich natürlich um Nebenkosten; aber ich muss Sie bitten, so schnell wie möglich eine Entscheidung über mein derzeitiges Einkommen zu treffen. Dies ist doppelt wichtig, da wir erst dann entscheiden können, auf welcher Lebensebene wir anfangen sollen.

„Meine Frau möchte meiner Mutter, Lucy und Ihnen Respekt entgegenbringen.

„Herzlich,
Arthur CURTIS .“

„Und das ist alles!“ sagte Lady Curtis und warf es mit einer Mischung aus Verachtung und Trauer auf den Tisch; „Wie gut hat sie ihn in so kurzer Zeit unterrichtet? Oh, sag nichts, Lucy! Ich kann die Hand dieses Mädchens in jedem Wort sehen; und das ist alles!“

„Sicher ist das alles“, sagte Sir John, „Sie glauben nicht, dass ich etwas zurückhalten würde, warum sollte ich? Das ist alles und auch genug, denke ich. Ein Kerl wie dieser, den wir alle gestreichelt und verwöhnt haben und der nur an sein Taschengeld dachte! Es ist enttäuschend, dass es das auf jeden Fall ist. Wenn man denkt, das ist Arthur!“ sagte sein Vater, seine Unterlippe zitterte vor ungewöhnlicher Emotion, die jedoch für ein Lächeln gedacht war.

„Oh, machen Sie ihn nicht schlechter, als er ist“, sagte Lady Curtis, „ich kann die Hand dieses Mädchens überall erkennen.“

Eine unbegründetere Behauptung als diese könnte es nicht geben. Arthur hatte während seiner Abwesenheit von Nancy im Schreibzimmer des English Club geschrieben. Sie hatte nichts von dem gewusst, was er tat, und noch weniger wusste sie, dass er sich vorgenommen hatte, nicht länger mit seinem Schicksal zu kämpfen, sondern sie auf ihren vertrauten Boden zurückkehren zu lassen, der zumindest keine weitere Sicherheit bot Begegnungen mit Menschen seiner eigenen Klasse, auch wenn sie ihm erst kürzlich zufällig begegnet sind. Er hatte das Gefühl, er könne so etwas nicht noch einmal riskieren. Er hatte keine Kraft dafür. Es war besser, ihr nachzugeben, als sich mit solch kläglichem Elend zu erschöpfen; aber bis zu diesem Moment wusste nicht einmal Nancy selbst von seiner Entscheidung. Lady Curtis wusste dies jedoch nicht, noch kam ihr die Verzweiflung in Arthurs Geist in den Sinn, noch der Zustand der Trennung zwischen ihm und seiner Frau, der tatsächlich bestanden hatte, als diese beiden Briefe geschrieben wurden. Es kam ihr so vor, als wären sie von einem Geist erfüllt, und als hätte Nancy die volle Kontrolle übernommen und ihre eigene unkontrollierte Seele in ihren Mann gesteckt. So lieb er seiner Mutter auch war, die kühne Gestalt dieses Mädchens, das sie noch nie gesehen hatte, schien sich zu erheben und ihren Sohn vor Lady Curtis' Augen auszulöschen – ihn intellektuell und moralisch auszulöschen –, sodass sie nur noch einen Schatten von Nancy sah. nicht die Realität von Arthur. Sir John vertrat diese bildliche Ansicht nicht. Er hielt das, was er sah, für selbstverständlich und übte keinen Geist der Wahrsagerei. Er wurde nicht durch scharfe Schmerzen wie seine Frau verwundet, sondern durch ein starkes Gefühl des Bösen. Das war alles, was Arthur wollte, nicht die rechte Hand seines Vaters zu sein, sondern ihm zu helfen (denn privat war Sir John der Meinung, dass er noch viel zu tun hatte), der wahre Oberhaupt des Anwesens zu werden und alles als sein Eigentum zu verstehen Vater hatte es gewünscht; aber nur, um sein Taschengeld zu erhöhen! das war alles. Es bereitete Sir John in seiner sachlichen Art keinen geringeren Schmerz als seiner Frau, aber das war die niedrige Interpretationsebene, mit der er sich selbst den Jungen erklärte, auf den er so stolz gewesen war.

Was Lucy betrifft, so las sie die beiden Briefe mit doppelter Betroffenheit, als ob sie in beiden etwas zu sehen schien, das ihren Eltern entgangen war. Sie glaubte, es lag daran, dass sie jung war und aus Mitgefühl mit diesen beiden dummen, irrenden, unfreundlichen jungen Menschen, dass sie in der Lage war, zwischen den Zeilen zu lesen und zu erkennen, dass sie nicht so unfreundlich waren, wie sie schienen. Aus Nancys Sicht lag, wie sie gesagt hatte, eine Art brutale Gerechtigkeit in Nancys Brief, und so unverschämt er auch war, hatte Lucy das Gefühl, dass sie ihn verstehen und entschuldigen konnte, obwohl er unentschuldbar war. Und was Arthurs kaltes Interesse und seine offensichtliche Gleichgültigkeit gegenüber allem betrifft, war dies nicht nur ein Zeichen tödlichen Schmerzes, ein Beweis dafür, dass er sich in einer Situation fühlte, aus der er nicht zurücktreten konnte, die er weder zu besprechen noch einzugehen wagte? „Oh", schrie sie im Aufruhr der Gefühle, die in ihr aufstiegen, „nimm das nicht alles so für selbstverständlich hin." Arthur ist nicht das, was du für ihn hältst, Papa. Er fühlt es, oh, ich weiß, er fühlt es bis ins tiefste Herz; aber wie kann er darüber diskutieren, wie kann er ein solches Thema mit uns eröffnen? Sie ist seine Frau und sie weiß, was wir von ihr halten."

„Oh, Lucy, schweigen Sie", rief Lady Curtis, deren Herz bis zum Zerbrechen schmerzte, „was nützt diese Kasuistik, als ob Sie ihn besser kennen würden als wir?" Nein, ich kann meine Augen nicht vor der Wahrheit verschließen, was auch immer Sie tun mögen; Dieser Junge, für den wir so viel getan haben, den wir so sorgfältig erzogen haben, findet in der unteren Gesellschaft etwas Angenehmeres als in unserer. Es ist unserer Meinung nach unwürdig, über eine solche Vorliebe zu jammern. Sehen Sie, er bekennt es. Er kehrt an diesen elenden Ort zurück, in die Gesellschaft der Verwandten seiner Frau. Wir sollten stolz sein", sagte Lady Curtis mit blitzenden Augen und einem elenden Lächeln auf den Lippen, „das ist es, was ihm am besten gefällt, *mein Junge!*"

„Oh, Mama, sei nicht so hart zu ihm."

„So hart, bin ich hart? auf Arthur! Gott hilf mir! Ich wünschte, ich könnte etwas härter sein; Ich wünschte, ich könnte genauso wenig an ihn denken wie er an mich oder an das, was ich fühle", rief Lady Curtis mit einem Stöhnen in ihrer gebrochenen Stimme. Sir John zeigte nicht so viele Emotionen. Er stand da und starrte stumpf vor sich hin, ohne sie auch nur anzusehen, sein Blick war auf die Leere gerichtet; aber auch in seinem bedrückten Geist kreisten viele Gedanken dumpf.

„Nachdem er mir so geschrieben hat, soll man sich um ihn kümmern", sagte Sir John, „da er nichts als Geld will, soll er sein Geld haben, und ich werde meine Hände von ihm waschen." Die Leute geben nicht viel in diesem Rang des Lebens aus, oder? Wenn er so leben will, muss er entsprechend versorgt werden. Ich werde morgen mit Rolt darüber sprechen. Sie sehen, wie er vom armen Rolt spricht, einem äußerst verdienstvollen Mann, der nur an unser Interesse denkt. Und wenn Arthur es nicht in die Hände bekommen hätte, bevor er es hätte wissen müssen, hätte Rolt das Mädchen abgekauft und uns befreit. Ach ja – Rolt ist der beste Geschäftsmann und der rücksichtsvollste Freund der Familie, den ich kenne."

„Aber es war eine schreckliche Sache; um sie abzukaufen! Wenn du darüber nachdenkst, Papa, und darüber nachdenkst, wer sie war, das Mädchen, das Arthur *liebte* … „Es spielt keine Rolle", rief Lucy großzügig und hitzig, „dass wir sie nicht mögen oder nicht gutheißen." Arthur liebte sie; und dieses Mädchen, das er so sehr liebte, an das er mehr dachte als an irgendjemanden auf der Welt, sollte abgekauft werden!"

„Ja, das ist es", sagte Sir John, „es wäre alles reibungslos verlaufen, wenn er nicht genau wie Sie mit seinen hochfliegenden Ideen eingebrochen wäre; sonst wäre die Sache erledigt gewesen; und er wäre ihr aus dem Weg gegangen. Aber jetzt, wo es soweit ist, wird er haben, was er will, und er wird haben, worauf er Anspruch hat. „Morgen werde ich Rolt sehen", sagte Sir John, ohne die trübe Starrheit seiner Augen zu ändern.

Und es ist anzunehmen, dass der Rest des Abends nicht sehr fröhlich verlief. Lady Curtis schloss beide Briefe in einer Schublade ihres Schreibtisches ein. „Es ist schade, dass sie getrennt werden, diese beiden", sagte sie mit diesem zitternden Lächeln der Verachtung, das so bitter und schmerzhafter ist als Weinen. Ja, das war es, wozu sich all ihre Hoffnungen entwickelt hatten. Arthur, ihr Junge, hatte seinen eigenen Weg gewählt, und das war es, nichts, woran sein Vater oder seine Mutter irgendeinen Anteil hatten. Was ihm besser gefiel, war das grobe Mädchen, das ihn wegen all der Vorteile, die er in seine Hände brachte, geheiratet hatte, die ihn in ihren Bann gezogen und ihn zu einem Menschen gemacht hatte, der sie selbst war. Lady Curtis hatte das Gefühl des Versagens im Kopf, das schmerzliche Gefühl, dass ihr Junge etwas Minderwertiges gegenüber ihr und allem, was würdig war, vorgezogen hatte. Kann es etwas Schrecklicheres geben, als wenn Vater oder Mutter dazu getrieben werden, das Kind in ihrem Herzen zu verachten? Es passiert oft genug, und es gibt keinen solchen Schmerz auf der Welt. Mit zitternden Händen und diesem jämmerlichen Lächeln auf den Lippen schloss sie sie weg. Jetzt war es sicherlich an der Zeit, dass sie sich aufrafften, das dumpfe Leid über Arthurs Verlust, das das Haus gelähmt hatte, abschütteln und nicht mehr darüber grübeln, dass jemand, der ihrer Liebe so unwürdig war, im Stich gelassen wurde.

„Wir haben genug davon", sagte sie, „komm, Lucy! Ich meine nicht, dass Ihr Leben in Sackleinen verbracht werden sollte, weil Arthur unwürdig ist. Darf es in Oakley keinen Kuchen und kein Bier geben, weil er mit dem Steuereintreiber verkehrt? Wir werden unsere Einladungen morgen verschicken", sagte sie mit einem spöttischen kleinen Lachen vor Schmerz. Sir John öffnete ein wenig die Augen angesichts der Unbekümmertheit dieser unverständlichen Phrase über Kuchen und Bier. Aber er hatte schon lange aufgehört, meine Dame zu kritisieren, was auch immer sie tun oder sagen mochte. Manchmal hatte sie eine seltsame Art, sich auszudrücken, aber in den wesentlichen Punkten konnte man ihr immer vertrauen.

„Ich werde morgen mit Rolt sprechen", sagte er seinerseits, was vernünftiger war, als er in sein Zimmer zurückging und sein Blaues Buch wieder aufnahm. Und er las bis zu seiner gewohnten Stunde und zündete seine Kerze genau im gleichen Moment wie jeden zweiten Abend an, obwohl sein Herz schwer in seiner Brust war wie ein Bleiklumpen und sein Blut nicht so erwärmte, wie es sollte. Die Damen waren nicht so vernünftig, das brauche ich nicht zu sagen. Sie saßen über dem Feuer, bis es zwischen ihnen erlosch, ohne dass einer von ihnen die Schwärze bemerkte oder sich bewusst war, dass die Kälte, die sie empfanden, irgendetwas mit den äußeren Umständen zu tun hatte — sie redeten immer wieder darüber, stritten, stritten sich sogar: Lucy nahm das Seite der Verteidigung, während ihre Mutter Pfeile voller bitterer Worte auf Arthur und das Mädchen schoss, das so viel Macht über ihn hatte. Männer machen ihr Elend nicht zum Gegenstand endloser Diskussionen auf diese Weise, vielleicht weil zwei Männer den beiden Hälften einer Seele kaum so ähnlich sind wie Mutter und Tochter; Auch kein Bruder und Vater könnte sich ganz auf eine solche Frage einlassen, wie es die Schwester mit der Mutter tun könnte. Lucy kämpfte für ihn, verurteilte ihn, rechtfertigte ihn, alles in einem Atemzug; und weinte und kämpfte und hielt Arthurs Standarte hoch, während sie sich mit leidenschaftlichem Mitgefühl in die stolze und schmerzhafte Enttäuschung der Mutter stürzte, deren Hoffnungen so getäuscht worden waren. Sie standen immer noch bei voller Flut über dem erloschenen Feuer, als der feierliche kleine Schlag einer Person sie aufschreckte und sie erfroren und elend in ihre Zimmer trieb. Wie dunkel war es draußen, der Regen fiel, die letzten Blätter fielen mitten in der Dezembernacht! Es fügte den Augen, die vom Weinen erschöpft waren, und den Stimmen, die vom Reden über dieses sich immer weiter ausdehnende Thema erschöpft waren, einen Schauder körperlichen Mitgefühls hinzu. Wie viele Jahre lang hatte jeder Gedanke und Plan des Hauses Bezug auf Arthur gehabt; und so ließ er sie fallen, wandte sich von ihnen ab und warf sich auf die niederen und niederen Elemente des Lebens.

KAPITEL IX.

Dem übereilten Entschluss von Lady Curtis zufolge waren die Einladungen zur gewöhnlichen Weihnachtsfeier, zumindest für einige, für einen früheren Termin als üblich vorgesehen. Der Höhepunkt der von Arthur verursachten Not war erreicht, und obwohl der Kampf schwer war, die gewöhnlichen Beschäftigungen des Lebens wieder aufzunehmen und weiterzumachen, als wäre nichts geschehen, in einer Zeit, in der Arthurs Abwesenheit so doppelt spürbar und offensichtlich war, ... Die ungeduldige Seele seiner Mutter konnte diese Art von Schmerz besser ertragen als die eintönige Schwere des anderen, die dumpfe Präsenz eines Gedankens, der wie eiserne Fesseln auf dem Haus gelegen hatte. Einer der ersten Besucher, die ankamen, war Durant, der zu Arthurs Zeiten neben dem Sohn des Hauses immer der Erste gewesen war, der alles und jeden um sich herum kannte und wusste. Sogar während der nun vergangenen elenden Zeit hatten Durants Briefe Lady Curtis einen gewissen Trost gespendet, da sie ihr immer etwas gaben, worüber sie reden und mit Lucy diskutieren konnte, der sie die Schwächen seiner Argumente, die er immer hatte, freimütig darlegte in Arthurs Gunsten, und für die Arthurs Mutter ihn liebte, auch wenn sie Freude daran hatte, ihre Sinnlosigkeit zu demonstrieren. Lucy hatte an dem Nachmittag, an dem Durant erwartet wurde, eine lange Runde unter ihren armen Leuten zu machen. Sie hätte nicht sagen können, warum sie sich für diesen besonderen Tag entschieden hatte; vielleicht, weil es in Ordnung war, ein einfacher Grund, der für den Durchschnittsverstand völlig zufriedenstellend war; vielleicht weil die Gedankenverbindung mit ihm, den sie seit er sie zu Arthurs Hochzeit mitgenommen hatte, nicht mehr gesehen hatte, so schmerzhaft war, dass sie bereit war, das Treffen so lange wie möglich zu verschieben; oder vielleicht wollte sie in Arthurs Interesse, dass Lady Curtis ihr erstes Gespräch mit seinem treuen Freund ungestört von einer dritten Person führen sollte; oder vielleicht hatte auch Lucy ihre eigenen Gründe, in die keiner von uns das Recht hat, hineinzuschnüffeln. Sie war lange Zeit in den Armenhäusern, nachdem sie früh aufgestanden war, um die hellste Zeit des kurzen Wintertages zu nutzen, und nahm ihr Mittagessen bei Mrs. Rolt ein, der Frau des guten Agenten, bei dem die Kinder in Oakley gewesen waren seit ihrer Geburt als ihr Eigentum. Mrs. Rolt hatte keine eigenen Kinder und hatte den gleichen Wunsch, über Arthur zu sprechen wie seine Mutter. Sobald Lucy auftauchte, vertiefte sie sich in das Thema, und nichts als Mitgefühl und Zärtlichkeit herrschte im Herzen dieser einfältigen Gefolgsfrau der Familie, die gleichzeitig eine weit entfernte Cousine war und daher vertrauter als sie war sind der Frau eines Agenten normalerweise gestattet. Dieser Besuch hielt auch Lucy auf, so dass es bereits vier Uhr war und der rote Wintersonnenuntergang gerade vorüber war, als sie begann, die lange Allee hinaufzugehen. Durant war von einem früheren Zug am ein oder zwei Meilen entfernten Bahnhof erwartet worden, sodass Lucy sich sicher fühlte. Sie machte sich auf den Weg, erfüllt von einem neuen Vorfall, von dem sie vorher noch nichts gehört hatte: dem Treffen zwischen ihrer Tante und ihrem Bruder in Paris, über das Frau Rolt vom Rektor informiert worden war. „Warum hat er es uns nicht gesagt oder warum hat Tante Anthony nicht geschrieben?" Lucy hatte gesagt.

„Oh, mein Haustier, was könnte sie schreiben? „Ich glaube nicht, dass es angenehm war", sagte Frau Rolt, „wie wütend Sie auch auf Ihre eigenen sein mögen, Sie mögen es nicht, wenn andere ihnen die Schuld geben; und Mrs. Anthony ist klug genug, das zu wissen."

„Warum hat sie es dann überhaupt erwähnt?" sagte Lucy.

„Oh meine Liebe, das wäre mehr gewesen, als Fleisch und Blut ebenbürtig sind. So ein Abenteuer erlebt zu haben und es überhaupt nicht erwähnt zu haben! Sie sagte, Mrs. Arthur habe sich ihr gegenüber *schrecklich benommen*, sie misshandelt und sie aus ihren Zimmern vertrieben. Aber wir müssen das alles mit großer Skepsis hinnehmen, denn du kennst ja deine Tante Anthony, meine Liebe."

„Ja, ich kenne Tante Anthony; Aber wie schrecklich ist es, dass Arthurs Frau – toll, *Arthurs Frau* ! – irgendjemandem Gelegenheit geben sollte, zu sagen, dass sie sich schlecht benommen hat. Du wirst es Mama nicht sagen?"

„Nein, das verspreche ich dir; und ich wage zu behaupten, wenn wir alles wissen könnten, wäre die Hälfte nicht wahr. Du musst dir darüber keine Sorgen machen, mein Schatz", sagte Frau Rolt und küsste Lucy, als sie ging.

Das Mädchen schüttelte den Kopf. Warum sollten sie ihr solche Dinge erzählen, wenn sie damit gemeint waren, dass sie sich keine Sorgen machen sollte? und doch war sie fieberhaft froh, dass man es ihr gesagt hatte, wie es die Menschen bei all dem Familienelend tun. Sie ging durch das große Tor hinein, ihre Wange war noch immer von der Aufregung über die Nachricht gerötet. Zu hören, dass ein Freund, ein Mitglied der Familie, Nancy tatsächlich getroffen und mit ihr gesprochen hatte, schien sie näher zu bringen, sie realer zu machen. Und vielleicht lag in dieser erneuten Aufregung über Arthur ein persönlicher Vorteil, der für einen Moment einige ihrer eigenen Gedanken verdrängte. Denn siehe! Zufälligerweise waren alle Vorsichtsmaßnahmen Lucys zwecklos gewesen. Sie hatte noch kein halbes Dutzend Meter zurückgelegt, als sie hinter sich das Rattern des Hundekarrens hörte, der um die Ecke zum Tor fuhr und Durant zum Bahnhof geschickt hatte; Und bevor sie Zeit hatte, ihre Gedanken zu sammeln, zog es plötzlich direkt hinter ihr hoch, und Durant selbst sprang heraus und war im Nu an ihrer Seite. Der Hundekarren fuhr mit seinem Portmanteau weiter, und sie fühlte sich genau in den Umständen, die sie so sorgfältig gemieden hatte, gebunden, ohne Chance zu entkommen, zu einem langen einsamen Spaziergang durch die stille Allee und einem langen vertraulichen Gespräch, bevor er jemand anderen gesehen hatte , mit dem Freund ihres Bruders.

„Ja, der Zug hatte Verspätung; Es gab einen kleinen Unfall auf der Leitung, über den ich wütend und beunruhigt war. Aber zufälligerweise war es eine glückliche Inhaftierung“, sagte Durant.

Lucy nahm keine Notiz davon, nicht einmal mit einem Lächeln.

„Du hast gesagt, du wärst sehr beschäftigt.“

„Ja, ich habe viel zu tun; Noch kein sehr herausragendes Werk, aber ich hoffe, dass es noch besser wird.“

„Ihr leitender Anwalt wird eines Tages krank werden, und es wird ein sehr interessanter, romantischer Fall sein, und Sie werden dazu inspiriert sein, die beredteste Rede zu halten, und Ihr Vermögen wird gemacht.“

„Ich sehe, Sie wissen, wie so etwas passieren kann“, sagte er lachend.

„Oh ja, ich habe sehr viele Romane gelesen“, sagte Lucy. „Das ist immer die Art und Weise, wie junge Rechtsanwälte zurechtkommen; und zwischen diesem und dem Wollsack ist nur ein Schritt.“

„Ein sehr großer Schritt, fürchte ich; aber ich bestehe nicht auf dem Wollsack“, sagte Durant; und dann entstand eine Pause, und er sagte leiser: „Ich habe Arthur vor ein paar Tagen gesehen.“

"Hast du ihn gesehen? Oh, Mr. Durant, es darf Ihnen egal sein, was Mama sagt. Sie hat angefangen, ihn zu verspotten, und das ist das Schlimmste von allem. Wie sah er aus? Armer Arthur, armer Junge! Und seine Frau – hast du sie gesehen? Oh, ich habe so eine Geschichte von ihr gehört!“

"Welche Geschichte?" fragte er besorgt.

Er hatte viele gehört; aber im Großen und Ganzen war er kein Feind von Nancy. Er sah den Schimmer von Tränen in Lucys Augen, und das trug viel dazu bei, sein Herz gegen Arthurs Frau zu wappnen; aber er hatte immer noch keine Gefühle gegen Nancy. Er war sogar mehr oder weniger bereit, zu ihrer Verteidigung aufzustehen.

„Meine Tante hat sie offenbar in Paris gesehen, Mr. Durant.“

„Oh, es ist dann die Geschichte von Mrs. Curtis?“ er sagte.

„Du sprichst, als gäbe es viele Geschichten über sie“, sagte Lucy mit plötzlicher Hitze.

"NEIN; Aber in der Stadt hört man ja alles – besonders, glaube ich, zu dieser Jahreszeit, wenn nur wenige Männer da sind und über alles reden."

„Ja", sagte Lucy, „ich habe oft von dem Klatsch in euren Clubs gehört, dass er schlimmer und unfreundlicher ist als jeder andere Klatsch."

„Sei nicht zu hart zu uns! Es ist so kleinlich und elend, wie es überall Gerüchte gibt. Aber ich habe Mrs. Curtis gesehen und es von ihr selbst gehört. Es ist nichts, ein Missverständnis zwischen Frauen –"

„Was du natürlich für eine Kleinigkeit hältst", rief Lucy, die von diesem Gegenschlag viel mehr erzürnt war als von dem Angriff auf die Keulen. Frauen sind in diesem Punkt sicherlich eher zum Anstoß bereit als Männer, die auf die ruhige Zuversicht ihrer eigenen Überlegenheit zurückgreifen können.

„Das tue ich tatsächlich nicht; aber die fraglichen Frauen sind nicht von höchster Qualität. Mrs. Curtis war höchstwahrscheinlich wählerisch und störte; und Nancy –"

„Nennst du sie Nancy?" rief Lucy und öffnete große Augen.

"Wie bitte. Ich habe mich an den Namen gewöhnt, bevor sie Mrs. Arthur hieß; und es liegt eine wunderbare Widersprüchlichkeit in der Vorstellung, dass sie Mrs. Arthur ist", sagte er und tat sein Bestes, um mit dieser Bemerkung zu versöhnen; Aber dieser Ausrutscher des Namens hatte offensichtlich eine schlechte Wirkung gehabt, er konnte nicht sagen, warum. Er glaubte, dass Lucy (bei der er noch nie zuvor Anzeichen eines derart törichten Familienstolzes gesehen hatte) durch eine solche Vertraulichkeit beleidigt war; und doch, was könnte er sagen, um es zu entschuldigen? "Frau. „Curtis war wahrscheinlich aufdringlich", fuhr er fort, „und Mrs. Arthur ärgerte sich darüber."

„Oh, ändern Sie nicht den Namen, den Sie für mich gewohnt sind, Mr. Durant!"

„Ich bin daran nicht gewöhnt", antwortete er kleinlaut. Er spürte, dass etwas nicht stimmte, wusste aber nicht, was es war. „Sie hat es wohl übel genommen. Ich möchte nicht unangenehm sein, aber Sie wissen, dass eine Dame wie Mrs. Curtis sehr aufdringlich und aufdringlich sein kann; und es hat *ihr* wohl übel genommen."

Armer Durant! Wenn er dachte, er würde die Sache verbessern, indem er Arthurs Frau mit dieser kleinen Betonung *„sie" nannte* , wie sehr täuschte er sich! Lucys Herz war sich eines Schauderns und Knackens bewusst, wie es der Fuß oder die Hand verspüren könnte, wenn man im Dunkeln plötzlich gegen einen spitzen Winkel prallt. Sie hatte kein Recht, sich gegenüber Durant so unangemessen beleidigt zu fühlen, so unangemessen verächtlich gegenüber Arthurs Frau zu sein. Lucy war wütend auf sich selbst wegen der Stärke ihrer Gefühle, die in keinem Verhältnis zur aktuellen Angelegenheit zu stehen schienen. Sie hielt es für würdevoller und angemessener, sich von jeder weiteren Frage darüber zurückzuziehen. Aber ihr Aussehen veränderte sich überraschend, ihre Gestalt wurde steifer und aufrechter, und sie sagte eisig: „Du hast gesagt, du hättest Arthur gesehen. Sieht er besser aus als bei unserem letzten Treffen?"

„Nein", sagte Durant zögernd; „Das kann ich nicht sagen. Ich hoffe, Lady Curtis wird mir diese Frage nicht stellen."

"Oh!" sagte Lucy, während ihr die Tränen in die Augen stiegen. „Glaubst du, ich mache mir nicht so viele Sorgen um meinen einzigen Bruder – so besorgt wie Mama?"

„In der Tat meine ich nichts dergleichen; aber ich kann freier mit Ihnen sprechen. *Du* verstehst; Sie haben es immer verstanden, Miss Curtis", sagte er und sah sie mit einer zärtlichen Bewunderung an, die Lucys Herz wider Willen die Härte raubte. „Ich weiß nicht, wie es war. Es ist so natürlich, dass Lady Curtis – dass seine ganze Familie die Torheit und Unfreundlichkeit davon am deutlichsten erkennt. Aber man hat immer das Ganze gesehen – und verstanden."

„Ich habe Arthur nie entschuldigt, Mr. Durant. Niemand konnte das Böse dessen, was er getan hat – den Schmerz, den es verursacht hat – so gut erkennen wie ich."

„Ich weiß", sagte er leise, „umso mehr Ehre für Ihr zartes Herz, das es verstanden hat. Ich bitte um Verzeihung – ich habe nur zur Erklärung gesprochen. Ich kann mit Ihnen sprechen, wie ich mit niemand anderem sprechen kann. Arthur geht es nicht gut, der arme Kerl – er wird zu Tode geplagt und geplagt. Aller Glamour ist aus seinen Augen verschwunden, und er sieht die Familie seiner Frau jetzt so, wie andere Menschen sie sehen, als ganz gewöhnliche, schmutzige, ungebildete Menschen, zu denen er oder ihresgleichen keine Affinität hat. Ich würde nicht einmal sagen, dass er das nicht tiefer gesehen hat als – ich zum Beispiel, dem das völlig gleichgültig ist. Für mich scheinen sie recht gute Menschen zu sein – auf ihre Art. Aber Arthur hat das schreckliche Gefühl, dass sie mehr oder weniger zu ihm gehören – und dass er berufen ist, mit ihnen Umgang zu haben."

"Armer Junge! oh, armer Junge! und er war immer so anspruchsvoll! Aber das ist nichts, Mr. Durant – sie gehören ihm *nicht* . Er kann sie jederzeit abschütteln; aber sie – was ist mit ihr? „Sie ist die wichtigste Person, an die man denken muss", sagte Lucy und seufzte, dass es so sein sollte.

„Das ist genau das, was ich Ihnen und keinem anderen sagen kann", sagte Durant. „Sie ist nicht dieselbe wie sie. Wenn Sie sich eine der Geschichten über ein gestohlenes Kind vorstellen könnten – das war immer anders, immer überlegen als die Kinder der Menschen, die es großgezogen haben –"

„Überlegen – Tante Anthonys Geschichte klingt nicht gerade nach Überlegenheit! Ich denke, Sie werden von ihrem guten Aussehen beeinflusst, wie man es bei Gentlemen immer sagt, und deshalb machen Sie eine Ausnahme zugunsten – meiner Schwägerin", sagte Lucy mit einem Klang in diesen Worten wie Durant hatte noch nie etwas von ihren Lippen gehört. Er betrachtete sie in der zunehmenden Dämmerung voller Staunen und Schmerz. War seine Gewissheit, dass *sie* allen anderen Beteiligten überlegen war, im Begriff, sich als vergeblich zu erweisen? Es war fast dunkel und er konnte Lucys Gesichtsausdruck nicht erkennen; Und von allen Dingen auf der Welt hätte dem jungen Mann als letztes irgendetwas einfallen können, um dies zu erklären, was für ihn selbst schmeichelhaft gewesen wäre.

Als er erneut sprach, klang in seiner Stimme eine gewisse Verzweiflung und ein halber Tonfall der Beschwerde zu hören: „Ich dachte, ich könnte es wagen, *Ihnen das zu sagen* – ich dachte, Sie würden es verstehen; Die Fakten sprechen alle gegen sie. Ich glaube, sie hat es sehr schlecht geschafft; und erlaubte jedem, ihren Mangel an Bildung – ihre seltsame – Unwissenheit zu sehen. Dennoch", sagte er ernst, „verzweifele ich nicht an Nancy. Ihr gutes Aussehen zählt für mich sehr wenig. Welche Wirkung sie auf müßige und unbeschäftigte Geister haben, kann ich nicht sagen; aber für einen Mann wie mich mit einem geschäftigen Leben und einer beschäftigten Fantasie –"

„Oh, ich bitte um Verzeihung, Mr. Durant", rief Lucy, „ich wollte nicht in Ihre Geheimnisse eindringen."

Sie hätte es nicht gesagt, wenn sie sich Zeit zum Nachdenken genommen hätte. Was für eine Torheit, ihn wissen zu lassen, dass sie diesen rätselhaften Satz über die beschäftigte Fantasie verstand! Lucy ging weiter, beschleunigte ihr Tempo und spürte, wie sie in der zunehmenden Dunkelheit plötzlich rot wurde. Und die Stille schien sie mit allen möglichen Möglichkeiten zu erfüllen, was als nächstes gesagt werden könnte. Sie waren so allein, als wären sie auf einer einsamen Insel gewesen – kahle Bäume standen dicht beieinander, die Dämmerung war ganz grau zwischen den Zweigen, die ganze Welt still und lauschend. Der Nervenkitzel überkam auch Lucy, eine Art visionäres Zittern.

„Mama wird auf dich aufpassen", sagte sie hastig. „Sie wird mich ausschimpfen, weil ich dich so lange laufen ließ, obwohl du noch vor einer halben Stunde im Hundekarren dort gewesen sein könntest." und sie beschleunigte vernünftigerweise ihr eigenes Tempo.

Aber Durant war an diesem Nervenkitzel nicht beteiligt. Es traf ihn nur mit einem gegenteiligen Anflug von Verzweiflung. Lucys Angst davor, dass er ihr weiter erzählen könnte, wer es war, der seine Fantasie beschäftigt hatte (konnte sie irgendwelche Zweifel hegen, wer es war?), spiegelte sich in seinem melancholischen Gefühl wider, dass er es nicht wagte, es ihr mehr zu sagen. Er wagte es nicht, weil er arm war, er, der, selbst wenn er reich gewesen wäre, von niemandem, der zu ihr gehörte, für gleichwertig gehalten worden wäre; und weil er der Gast ihres Vaters war und nicht in der Lage, seine Gastfreundschaft durch ein Wort gegenüber seiner Tochter zu verraten, das Sir John nicht zugelassen hätte. So endete dieser Vorschlag, sich selbst zu offenbaren, in einem leeren Schweigen, das keiner von ihnen brechen wollte. Auch er beschleunigte seine Schritte, um mit ihr Schritt zu halten, und nach wenigen Minuten erreichten sie das Haus, das durch die offenen Türen und Fenster Licht in die Dunkelheit strahlte. Es schien alles hell, alles offen, voller gastfreundlicher Wärme und Ausstrahlung. Als Durant zuvor hierhergekommen war, war er mit Arthur gekommen, und Mutter und Schwester stürmten zur Tür, um den Erben von allem, den ersten Gedanken und die erste Hoffnung aller innerhalb dieser Mauern zu treffen. Durant war oft halb traurig über den herzlichen und überschwänglichen Empfang, den Arthur immer empfing. Auch er selbst war freundlich empfangen worden, aber mit was für einem Unterschied! Und da in seinem eigenen Zuhause keine besondere Begeisterung für ihn herrschte, trotz der Tatsache, dass seine Familie ihm alles zu verdanken hatte, war er nie in der Lage gewesen, einen gewissen Neid auf Arthur loszuwerden. Aber er war jetzt noch tausendmal trauriger, als er die großen Stufen in die Halle hinaufstieg und sah, dass keine Mutter hinauseilte, um ihren Sohn zu empfangen, kein Arthur, der mit fröhlichem Aufschrei kam, nichts als er selbst, der sich leise hereinschlich, halb beschämt, da draußen zu sein Arthur hatte halb Angst davor, Lucy anzusehen, die es auch spüren musste, fühlte er. Er wusste nicht, wie er weitermachen und Lady Curtis in die Augen sehen sollte. Er war sich sicher, dass sie ihm mit einem Vorwurf begegnen mussten. „Wo ist Arthur?" er fühlte, wie das ganze Haus zu ihm sagte; und wünschte fast, er wäre schuldig gewesen, hätte ihre Vorwürfe auf sich nehmen und um seines Freundes willen antworten können: „Es ist meine Schuld." Er blieb im Flur stehen und sah sich wehmütig zu Lucy um. Ihre Augen waren feucht, ihre Lippen zitterten. Sie streckte ihm diese Hand entgegen.

„Ich weiß", sagte sie; „Aber wenn wir das erste überstanden haben, wird es fast so sein, als wäre er auch gekommen."

"Fast!" sagte er kopfschüttelnd. Er spürte, wie seine Augen feucht wurden, und hielt ihre Hand, fast ohne zu wissen, dass er sie hielt. Lady Curtis hatte die Bewegung im Flur gehört, obwohl sie versucht hatte, sie nicht zu hören, und der Schock war für sie durch die Ankunft des Hundekarrens gebrochen worden, von dem sie glaubte, dass er ihn bringen würde. Jetzt kam sie heraus, verbarg ihre Aufregung mit einem Lächeln und streckte ihre Hände aus.

Keiner von ihnen konnte sprechen. Aber als sie in den Raum kamen, in dem es so viele glückliche Begegnungen gegeben hatte, war es für Arthurs Mutter zu viel. Sie packte krampfhaft seinen Arm mit beiden Händen, stützte ihr Gewicht auf seine Schulter und rief: „Oh, mein Junge!" durch das Schluchzen, das sie nicht unterdrücken konnte. Durant war sofort von der Emotion und dem Selbstvertrauen überwältigt. Er beugte sich voller zärtlicher Ehrfurcht zu ihr herab und küsste sie auf die Wange.

„Er ist der einzige Bruder, den ich je gekannt habe", sagte er.

„Ja, Lewis, ja, ich weiß; Gott schütze dich! Du warst immer auf Arthurs Seite."

Lucy stand daneben, während ihr seltsame Gedankenströme durch den Kopf gingen, und vage verstand sie den Mann, der nicht ihr Liebhaber war, dessen Fantasie aber damit beschäftigt war, nicht von irgendjemand anderem berührt zu werden – und dennoch schwer versucht war, ihn misszuverstehen, und sich mit einer latenten Verwunderung darüber zu wundern Der Schmerz bereitete sich gerade darauf vor, in Erscheinung zu treten, ob dies eine der gewöhnlichen Verspottungen des Schicksals war, die ihre Mutter dazu veranlasste, ihn so fast wie einen Sohn zu empfangen, genau zu der Zeit, als er aufgehört hatte, das Gefühl zu hegen, das ihn zu einem wahren Sohn hätte machen können ihn? Seltsam sind die Launen junger Geister in dieser zweifelhaften Zeit, in der alles geheim und ungewiss ist. Sie hatte keinen Zweifel daran gehabt, wer es war, der seine Fantasie beschäftigte, als er diese Worte gesagt hatte. Hatte sie jetzt wirklich Zweifel? Oder hat sie so etwas nur gefördert und versucht, sich selbst einzureden, es zu glauben? das wäre schwer zu sagen. Sie stand staunend da und spürte in sich alle Keime des Zweifels und den Drang, sie zu nähren und zu entwickeln und sich selbst unglücklich zu machen, was die meisten von uns verspürt haben; All dies wurde jedoch durch ein merkwürdiges Vergnügen gemildert, das zu hören, was Lady Curtis sagte. Lewis! untereinander hatten sie ihn jahrelang Lewis Durant genannt, so wie er sie (sie hatte keinen Zweifel daran) Lucy genannt hatte; aber der Name war noch nie zuvor von jemand anderem als Arthur verwendet worden. Dies war ein unaussprechlicher Sprung in der Intimität. Lady Curtis hatte ihn sozusagen adoptiert, indem sie sich ihm unfreiwillig anvertraute und plötzlich seinen Namen benutzte. Aber was dachte *er*? War es nur Arthur, der in seinem Kopf war?

Lucy stellte den Stuhl ihrer Mutter ans Feuer und zog ihre eigene dicke Outdoor-Jacke aus. Auf dem Tisch stand Tee zum Ausgießen bereit, und das sanfte Lampenlicht und der warme Schein des Feuers brachten die ganze Schönheit des Raumes mit seinen fröhlichen Farbtönen und dem Schimmern von Gold zur Geltung. Was hatte man an diesem fröhlichen Ort inmitten dieser künstlichen Annehmlichkeiten, die durch Gebrauch und Gewohnheit natürlich und freundlich geworden waren, zu tun? Die Aufregung der Bewegungen ihrer Tochter brachte Lady Curtis zu sich. Sie setzten sich um das Feuer, als wäre der Neuankömmling ein weiterer Sohn gewesen, und sprachen von Arthur. Es war ein fast so endloses, fast so fesselndes Gespräch, als ob Mutter und Schwester allein zusammensaßen und das Gefühl hatten, sie könnten nie aufhören. Aber nach und nach kam Sir John herein, um seine Tasse Tee zu trinken, und fragte, wie es sei, dass der Zug so spät sei, und erkundigte sich nach allen Einzelheiten der Reise. Sir John selbst hatte sich um eine halbe Stunde über seine übliche Zeit hinausgezögert, als er zum Tee kam. Auch er hatte Durants Ankunft gespürt.

KAPITEL X.

Am nächsten Tag trafen die gewöhnlichen Gäste in Oakley ein. Sie hatten keinen sehr lebhaften Charakter. Mit einem instinktiven Gespür für den Unterschied, dessen sich die Familie kaum bewusst war, hatte man Änderungen in der Besucherliste vorgenommen, die zu Arthurs Zeiten zusammengestellt worden wäre. Es waren kaum junge Männer mit von der Partie. Wenn kein junger Mann im Haus ist, welchen Sinn hat es, junge Männer zu fragen? Es sei denn, es wäre um Lucys willen aus ehelicher Sicht geschehen, eine Idee, die nicht nur Lucy, sondern auch ihre Mutter (im letzteren Fall unüberlegt, sollte man sagen) mit Verachtung betrachtete. Sir John hatte das Jagen schon vor langer Zeit aufgegeben, und wenn er ein- oder zweimal pro Saison einen ernsthaften Schuss erzielte, so geschah dies eher nach dem Prinzip, das einen alten König dazu bringt, einen Ball zu eröffnen, als nach einer aktiveren persönlichen Vorliebe für diesen Sport. Die Partei bestand dementsprechend zu einem großen Teil aus seinen Zeitgenossen, einige im Parlament, einige in der Justiz, die hauptsächlich den gelehrten Berufen angehörten. Es gab einen Richter, und es gab den Leiter eines Kollegiums, und für ein paar Tage gab es einen Bischof; aber da dieser letztere Funktionär das sportlichste Mitglied der Partei war, konnte man nicht davon ausgehen, dass er zu ihrer Feierlichkeit beitrug; und diese Magnaten blieben natürlich nicht lange. Und dann war da noch der Meister der Hunde, der ernster war; und da waren die Frauen dieser Herren und in einigen Fällen ihre Töchter und ein oder zwei streunende Männer aus der Klasse derer, die jeden kennen und überall waren und von allem ein bisschen gemacht haben, ohne mehr als einen allgemeinen Ruf zu erlangen für sich selbst und ohne klare Hinweise auf die Welt zu geben, woher sie kamen oder zu wem sie gehörten. Es gab auch einige Damen derselben Art, deren Familien und Vorfahren jedoch unanfechtbar waren. Es war Lady Curtis, die Langeweile verabscheute und diese hinzugefügt hatte. Sir John mochte die Langeweile und hatte nichts dagegen, eine Dame neben sich zu haben, die gut speiste und wenig sagte. Trotz der Bemühungen von Lady Curtis war die Party jedoch langweilig. Es war vielleicht zu alt und zu ernst. Gut geführte verheiratete Menschen sind in der Gesellschaft langweilig. Sie sind nicht ausreichend aneinander interessiert, um sich für die gegenseitige Belustigung einzusetzen, und es besteht kaum ein Zweifel daran, dass ein paar ungezogene Personen, die auf Flirt und schlechtes Benehmen aus sind, als Quelle der Ablenkung und des Interesses für ihre Mitgeschöpfe einen besseren Eindruck machen als Belohnung für ihre Animateure. Dieses Element fehlte leider bei Oakley; Es gab kein kleines Drama zu sehen, eine legitime vornehme Komödie, die auf die Ehe und all die häuslichen Freuden zusteuerte, oder eine verwerflichere Episode, die in die andere Richtung tendierte, wie sie sich oft als noch aufregender für den abgestumpften

Appetit der Gesellschaft erweist. Und es ist kaum verwunderlich, dass sich diese respektable Versammlung in Ermangelung anderer Vergnügungen den Angelegenheiten der Familie widmete. In den Ecken wurde viel über Arthurs Ehe gesprochen. Die Familie Bates befand sich zu weit unten in der Welt, als dass es überhaupt zu Gerüchten gekommen wäre, und abgesehen davon, dass er eine sehr dumme Ehe geschlossen hatte, eine *Mésalliance* im wahrsten Sinne des Wortes, wusste niemand mehr darüber, außer dass eine Dame ihn kannte mit Mrs. Anthony Curtis und hatte von ihr einen vagen Bericht über ihr Treffen mit Nancy erhalten. Diese Dame hatte sich eine Vorstellung von Arthurs Frau gemacht, obwohl sie zwar völlig falsch, aber doch eine Vorstellung war, was niemand sonst im Haus erreichte. Sie dachte (wie es so natürlich erschien), dass Nancy eine Schauspielerin in einem Nebentheater gewesen sein musste, eine namenlose *Figurante* , eine von der Klasse, die gutgeborene junge Männer begeistern sollte, und dies erstaunlicherweise auch tut das ewige Staunen der Welt, ungeachtet aller Theorien zu diesem Thema. Aber es kam niemandem in den Sinn, anzunehmen, dass das Mädchen, das Arthur geheiratet hatte, nicht den Vorteil hatte, böse und schamlos zu sein. Die Dame, die die Geschichte kannte, flüsterte sie anderen zu, als niemand aus der Familie anwesend war. „Ich habe sie aus ihren Räumen vertrieben, das versichere ich dir, meine Liebe“, sagte sie; „Sie waren in den besten Zimmern eines der teuersten Hotels, das brauche ich nicht zu sagen. Solche Leute scheuen keine Kosten.“

„Ein Mädchen aus einem Theater! – aber welches Theater? Es gibt solche Unterschiede; das bedeutet alles, von einer Dame bis zu einem Ankleidemädchen.“

„Zumindest war sie keine Dame; Das ist das Einzige, was sicher ist. Sie war eine –“ Hier hielt der Erzähler der Geschichte abrupt inne und fügte mit lauterem Ton hinzu: „Ich kenne nur eine Dame auf der Bühne, aber sie reicht aus, um jedes noch so große Schwärmen zu rechtfertigen.“ Mrs. Kenworthy – wissen Sie nicht – Sie müssen sie gesehen haben.“

Es braucht nicht hinzugefügt zu werden, dass es eine Freundin von Lady Curtis war, eine Person mittleren Alters, die jeden kannte, die sprach, und dass die plötzliche Unterbrechung auf das Eintreten von Lucy zurückzuführen war, die ahnungslos hereinkam und sie in der Mitte erwischte ihres Vortrags.

„Oh ja, ich habe sie gesehen“, sagte ein anderer zögernd, während die anderen Mitglieder der Gruppe misstrauisch Schluss machten und begannen, mit großem Ernst miteinander zu reden. Lucy hatte nichts Schlimmes gedacht, als sie hereinkam, alle Köpfe zusammen zu sehen, aber dieser Bruch und der offensichtliche Wunsch, das Thema der Diskussion zu verbergen, erregten sie. Das waren die Art von Gesprächen, die im gastfreundlichen

Haus geführt wurden. Als Sir John ein paar Minuten allein mit dem Richter war, der ein Freund seiner Jugend gewesen war, nahm ihn dieser gelehrte Beamte am Knopfloch und sagte: „Was ist das, was ist das, Curtis, ich habe von Ihrem Sohn gehört?" Sie sprachen unter den Augen von Lady Curtis im Wohnzimmer darüber, während sie an ihrem Tee nippten. Der arme Arthur sei von seiner Familie verstoßen worden, hieß es; Er muss zuvor ein schlechtes Leben geführt haben, sonst hätte er einer solchen Person nie in die Quere kommen und sie nie heiraten können. Hatte er sie geheiratet? das war die nächste Frage. Oder war es nicht völlig anrüchig, die Verbindung selbst und alles daran? Also redeten sie; und Lucy spürte es zum ersten Mal in der Luft und verlor manchmal die Beherrschung angesichts dieser seltsamen Menge geheimer Kritik, deren Gegenstand ihre Familie war. Mittendrin griff sie mit nervöser Heftigkeit ihren Cousin, den Rektor, an. Er hatte mit Miss Wilton gesprochen, der Dame, die Mrs. Kenworthy eilig beschrieben hatte, als Lucy an diesem Morgen ins Zimmer kam und ein wichtigeres Gespräch unterbrach. Als Lucy zusah, hatte sie bemerkt, dass Bertie sich zurückgehalten hatte, während der andere ihm Fragen aufdrängte, und dass Miss Wilton nach dem Interview zu zwei erwartenden Freunden geeilt war und ihnen die Informationen mitgeteilt hatte, die sie erhalten hatte. Miss Curtis rief ihren Cousin mit einer etwas herrischen Geste zu sich, einer Geste, der er jedoch gerne gehorchte.

Bislang ging es Hubert Curtis durch das Unglück, das Arthur widerfahren war, nicht besser. Er wurde in der Halle nicht beliebter, und Lucy neigte auch nicht mehr zu seiner Gesellschaft als zu der Zeit, als ihr Bruder in Oakley war. Er hatte keinen Boden gutgemacht. So wahrscheinlich es auch sein mochte, dass sie einen größeren Teil des Familienvermögens haben würde, Bertie sah keine Wahrscheinlichkeit, dass der Vorteil in irgendeiner Weise ihm selbst zugute kommen würde; Er hatte beinahe, so dachte er, durch Arthurs Abwesenheit verloren statt gewonnen. Als Arthur zu Hause war, hatte er als nächster Nachbar, der einzige Mann in der Nähe seines Alters, einen natürlichen Platz in Oakley, abgesehen von dem, was sich aus seiner Beziehung ergab. Aber was hatte er jetzt in der Halle zu tun? Lucy ermutigte ihn sicherlich nicht zu irgendeiner Hingabe an sie. Lady Curtis hatte eine instinktive, halb eifersüchtige Abneigung gegen ihn, wie sie es wahrscheinlich auch gegen jeden jungen Mann getan hätte, dessen vernünftiges und korrektes Verhalten Arthur ein ständiger Vorwurf war. Und Sir John ließ sich von Berties Friedensstiftung und seinem Wunsch, ihn davon zu überzeugen, dass am Ende alles gut werden würde, nicht aus der Ruhe bringen. Deshalb hatte er mit Arthur gelitten, womit er nicht gerechnet hatte; und es ließe sich nicht leugnen, dass ihm die Geschichte seiner Mutter über Arthurs Frau eine Art düstere Befriedigung bereitet hatte. Wenn er nicht besser war, waren andere zumindest schlechter; Er sagte: „Armer Arthur!" mit verächtlichem Inhalt. Wenn ein Mann beschloss, sich auf diese Weise lächerlich zu machen, war es nur richtig, dass er die Strafe zahlen musste, und er hatte es sich nicht verkneifen können, Mrs. Rolt die Geschichte seiner Mutter zu erzählen, die schockiert und betrübt war, als Bertie, auch angenommen, dass es so ist. Aber er hatte sich nicht des Verrats schuldig gemacht, darüber im Saal zu diskutieren. Als Miss Wilton mit ihm sprach, hatte er keine Lust, ihr weitere Informationen zu geben, sondern antwortete so sparsam wie möglich. Natürlich kam seine Strafe erst jetzt, als er wirklich ein gewisses Maß an Tugend an den Tag gelegt hatte.

„Bertie", sagte Lucy, als er auf sie zukam, „ich möchte wissen, warum meine Tante diese Geschichte weiter verbreitet und warum du mit allen außer Mama und mir darüber sprichst?"

"Welche Geschichte?" Aber er versuchte nicht, sie weiter zu täuschen, indem er so tat, als wüsste er es nicht.

„Wir waren am meisten interessiert", sagte Lucy. „Wenn Sie es uns gesagt hätten, wäre es natürlich und vielleicht freundlich gewesen; aber warum erzählst du es anderen Leuten? Was könnte das nützen?"

„Welchen anderen Leuten habe ich es erzählt?" er sagte. „Ich wurde dort befragt, aber ich antwortete nicht, oder zumindest so wenig, wie ich konnte. Ich habe es Frau Rolt erzählt und bitte dafür um Verzeihung. Sie wollte unbedingt etwas wissen und ich wusste, dass man ihr vertrauen konnte. Gib mir nicht die Schuld, Lucy; Ich hatte nicht vor, hart zu Arthur zu sein."

„Hart zu Arthur! Das hätte ich nicht gedacht; Er kann seine eigenen Schlachten schlagen", sagte Lucy und hob den Kopf mit einem Blick, der fast hochmütig wirkte. „Aber du bist unfreundlich zu uns. Du bist mein Cousin, unser nächster Verwandter, Bertie. Sie sollten keine unangenehmen Geschichten erzählen. Und dann bist du ein –"

„Mach weiter", sagte er; „Erinnere mich an meine Pflichten. Ich bin Geistlicher – wollten Sie das nicht gerade sagen? und ich sollte kein Klatscher sein und von Haus zu Haus gehen. Ich werde nicht versuchen, mich zu verteidigen, Lucy. Wenn das mein Charakter ist, sollte ich besser nichts sagen; Und wenn Sie das glauben, kann ich es mir sicherlich nicht leisten, Sie zu enttäuschen. Du bist es, der mir gegenüber unfreundlich ist."

„Das glaube ich nicht. So viel wollte ich nicht sagen", sagte Lucy beschämt. „Aber ach, Bertie, warum solltest du uns so behandeln? Sind wir nicht, ist Arthur nicht dein eigenes Fleisch und Blut?"

„Ich bin nur zu bereit, es anzuerkennen, zu froh, daran zu denken", sagte er mit einem plötzlichen Lächeln.

Und da es Lucy nicht schwerfiel, ihn anzusehen, und sie keine Scheu hatte, ihm in die Augen zu sehen, konnte sie nicht umhin, den Eifer in ihnen und die Abschwächung einer unverkennbaren Stimmung zu erkennen. Abgesehen davon, dass es ihr sehr gut gehen würde und sie hervorragend zu ihr passen würde, mochte er sie im Großen und Ganzen so aufrichtig, wie es in ihm steckte. Liebe ist vielleicht ein zu starkes Wort; aber er mochte sie, so sehr, dass er sie hätte heiraten wollen, wenn sie nur eine Kompetenz besessen hätte und nicht mehr, wenn sie als einziges gehorsames und pflichtbewusstes Kind des Hauses nicht in einer Ausnahmestellung gewesen wäre. Ob sein Gefühl stark genug war, um ihn dazu zu bringen, Lucy aufzusuchen, wenn sie arm gewesen wäre, ist eine andere Frage; aber vielleicht war es sogar stark genug dafür, soweit man das sagen kann.

Auch sie wurde weicher. Lucy gehörte nicht zu den *jungen* Frauen, die es hassen, geliebt zu werden. Es tat ihr leid, dass solch ein falsches Gefühl in seinem Kopf sein sollte, wenn es überhaupt in seinem Kopf war; Dennoch war sie durch den Ausdruck eifriger Versöhnung und des Wunsches, ihr zu gefallen, der sich auf seinem Gesicht abzeichnete, eher milder als verhärtet.

„Tante Anthony hätte es uns vielleicht selbst sagen können. Sie hätte es anderen Leuten nicht sagen müssen", sagte sie mit einem sanfteren Tonfall.

Aber hier hatte er eine sehr gute Antwort geliefert.

„Meine Mutter ist nicht hier", sagte er ganz sanft, ohne einen Anflug von Vorwurf. „Sie kann sich weder erklären noch verteidigen."

Was könnte Lucy sagen? Sie errötete purpurn, tief berührt von der Schärfe dieser höflichen Erwiderung.

„Ich wünschte, sie wäre hier", sagte sie.

„Man wünscht sich immer das Gute. Ich dachte nicht, dass du es warst; aber, Lucy, verstehst du nicht –"

In diesem Moment kam Sir John heran und stellte sich so hin, dass das Gespräch unterbrochen wurde. Da der Kaminsims nicht nahe genug war, um darauf zu lehnen, lehnte er sich auf eine der Marmorkonsolen, hinter denen ein großes Glas bis zur Decke reichte, in dem seine Figur und die Gesichter der beiden vor ihm reflektiert wurden.

„Mir ist oft aufgefallen", sagte er, „dass, wenn wir einen milden, regnerischen November haben, die Kälte im Frühling bitter ist." Ist dir das aufgefallen, Bertie? Aber natürlich sind Sie kein Landvogel, Sie wissen nicht viel über das Wetter; aber du wirst lernen, du wirst lernen, bevor du in meinem Alter bist."

„Das scheint eine recht einfache Schlussfolgerung zu sein, und es macht mir nichts aus, sie als Teil meines Glaubensbekenntnisses zu akzeptieren", sagte der Rektor mit einem Lachen, in das sich jedoch eine gewisse Überraschung mischte, denn er verstand nicht, welches Motiv sein Onkel hatte hätte tun können, indem er sich dorthin begab, um diese sehr unwichtige Bemerkung zu machen.

„Mir wurde gesagt, dass das Treffen morgen stattfinden soll", sagte Sir John. „Und einige der Damen werden reiten. Ich bin sehr froh, dass Lucy nicht jagt. Du solltest besser herkommen und dich nützlich machen, Bertie, jetzt, wo niemand im Haus ist. Ich nehme an, dass du jetzt überhaupt nicht fährst? Natürlich gibt es Durant; Ich weiß nicht, was er vorhat. Ich selbst war nie ein Cross-Country-Mann. Ich hatte immer eine Vorliebe für ernsthaftere Beschäftigungen. Dein Vater jetzt, mein Bruder Tony, er hat es immer gemocht – eine Art praktischer Kerl. Was mich betrifft, habe ich immer Freude an ernsteren Dingen gehabt."

„Sie wurden für das Parlament geboren, Sir", sagte der Rektor, halb mit verschleierter Satire, halb mit der Absicht, seinem Onkel zu gefallen, der freundlich genug gewesen war und von dem noch mehr Freundlichkeit kommen könnte.

„Nun ja, vielleicht haben Sie recht", sagte Sir John; „Das lag mir eher im Weg; Ich habe mich schon immer für öffentliche Geschäfte interessiert. Als ich ein Junge in Eton war, habe ich die Debatten so regelmäßig gelesen wie jetzt – und ich habe nie meine Grundsätze geändert oder meinen Mantel umgekrempelt, Bertie. Das kann man nach dreißig Jahren im öffentlichen Leben sagen. Ich habe noch nie einen Grund gesehen, meine Meinung zu ändern, wie es so viele Menschen tun. Eine Reihe von Grundsätzen hat ausgereicht, um mich durchs Leben zu führen, und ich kann nicht glauben, dass irgendein Mann mehr will."

„Es ist ein sehr glücklicher Geisteszustand, Sir", sagte der Rektor und fragte sich immer mehr, warum sein Onkel ihn ausgewählt hatte, um die Merkmale seiner Weisheit zu hören. Lucy hatte sich geschickt davongeschlichen, um den anderen Gästen gegenüber ihre Pflicht zu erfüllen, und nur Lady Curtis war sich der wahren Bedeutung ihres Mannes bewusst. Sie lächelte innerlich über seinen einfachen Trick, Lucy von einem Mann zu trennen, der den Anspruch eines Liebhabers hegen könnte. Aber als Lucy, nachdem sie sich von der Seite ihrer Cousine geschlichen hatte, kurze Zeit später bei Durant gesehen wurde, war es an Lady Curtis, einen ernsten Blick zu werfen, und sie selbst erhob sich von ihrem Stuhl, als sie sie lebhaft reden sah Sie verspürte das gleiche Bedürfnis nach Einmischung, das auch ihren Mann bewegt hatte. Als Lady Curtis zu ihnen kam, war ihr Gespräch recht einfach und nichts, was die Eltern beunruhigen würde; aber dennoch blieb sie dort und redete mit etwas von ihrer alten Fröhlichkeit, bis Lucy wiederum dieses Ende des Zimmers verlassen hatte und gegangen war, um der alten Mrs. Nuttenden in der Ecke Trost zu bringen, die leicht taub war, und nicht amüsant – bei ihren Bemühungen, wen zu amüsieren, mischte sich niemand ein.

Durant bemerkte die sanfte Einmischung in den Fall des Rektors nicht, aber er spürte sie sehr deutlich in seinem eigenen, und mit einem kleinen Schmerz sagte er sich, dass er keinen Anlass zu dieser Wachsamkeit geben würde, sondern seinen geplanten Aufenthalt so verkürzen würde, wie er es getan hatte schon geplant. Das lag nicht daran, dass die Freundlichkeit, ja sogar die Zuneigung, mit der er anfangs empfangen worden war, versagt hätte. Lady Curtis redete mit ihm wie mit niemand anderem als Lucy, vertraute sich ihm an – nannte ihn Lewis, wie sie es bei seiner Ankunft getan hatte, und sprach mit ihm über ihren Sohn, mit familiärer Freiheit und Vertrauen, auf eine Weise, die es in der Tat getan hätte erfüllte viele junge Männer mit liebevollen Fantasien und ließ sie sich fast umworben fühlen. Und Sir John war ziemlich nett, wenn auch auf andere Weise. Er hatte Durant immer ein wenig misstrauisch gegenübergestanden, weil er einer dieser klugen Männer war, die nie ganz sicher sind und von denen man nicht genau wissen kann, welche Nivellierung und atheistischen Gefühle mit ihren intellektuellen Begabungen einhergehen. Als einer von der Sorte Mylady hatte Sir John ihn immer als seinen eigenen Gefolgsmann betrachtet, sondern als jemanden auf der anderen Seite; Doch weil er so eng mit Arthur verbunden war, war auch Sir Johns Herz mit ihm verschmolzen. Es war also kein Mangel an der herzlichen Begrüßung, die Durant dazu veranlasste, schnellstmöglich davonzueilen. Er ging an diesem Abend ganz entschlossen in sein Zimmer, ganz bestimmt durch die Art der Frau, die ihn bei seinem Vornamen nannte, und sah ihn mit so mütterlicher Zuneigung in ihren Augen an. War es Lady Curtis' Schuld? Er gab ihr keine Vorwürfe. Er sagte sich, wenn Lucy seine eigene Schwester gewesen wäre, hätte er sie nicht einem armen Anwalt ohne Familie, ohne Verbindungen, mit eigenen Lasten auf seinen Schultern und ohne Ehre, die er verleihen könnte, gegeben. Warum sollte er dort verweilen? Jetzt, da Arthur so weit von Oakley entfernt war – jetzt, vor allem, da Arthur *verheiratet war* , der vollkommenste aller trennenden Einflüsse, war es unvermeidlich (sagte er), dass seine Verbindung zu Oakley allmählich abbrechen musste. Sie würden es nicht so meinen – sie würden es nicht wünschen – und doch würde es geschehen; und warum sollte er versuchen, es zu verhindern? Gab es zwischen ihnen nicht eine große Kluft – diese Kluft, die der Reichtum vielleicht füllen könnte und über die das Geld seines alten Großvaters eine goldene Brücke geschlagen hätte, wenn sie noch existiert hätte? aber der nun wie ein Abgrund klaffte und niemals durch irgendeine Geschicklichkeit oder Anstrengung von ihm durchquert werden konnte. Sollte er bleiben, nur um sich das immer mehr einzuprägen? Noch in dieser Nacht fasste er seinen Entschluss.

Aber das hinderte ihn nicht daran, am nächsten Tag nach diesen Ereignissen, dem Sonntag, in einem der ruhigen Momente dieses ruhigen Tages an Lucys Seite zu sein. Als er am nächsten Morgen aufbrechen wollte, betrat er unerwartet das Louis-Quinze-Zimmer in der Zeit zwischen Kirche und

Mittagessen, einem Moment allgemeiner Zerstreuung, in dem niemand weiß, wo jemand ist. Lucy war im Morgenzimmer und schrieb einen Brief, als Durant hereinkam. Er war sehr selbstverleugnend, doch als sie innehielt, ihren Stift niederlegte und sagte: „Komm rein, geh nicht weg!" er konnte der Einladung nicht widerstehen. Er kam herein und stellte sich neben sie, an die Ecke des Kaminsimses gelehnt, dicht neben einem dieser großen Rokoko-Amoretten, zwischen die sich Sir John so gern stellte. Und Lucy war ein wenig begierig, fast aufgeregt, entschlossener, mit ihm zu reden, als er, mit ihr zu reden. Sie sagte ohne Vorwort: „Gehst du morgen wirklich weg? Ich war überrascht – und es scheint, als hätte ich Sie überhaupt nicht gesehen oder auch nur die Hälfte gesagt, die ich zu sagen hatte."

„Ich muss gehen", sagte er seufzend, „aus vielen Gründen; und vor allem, weil –"

"Denn das, was? Glauben Sie nicht, dass sich etwas ändert, Herr Durant? Du darfst nicht glauben, dass es eine Veränderung gibt: Es gibt niemanden, dem Mama so sehr vertraut wie dir."

„Ich bin sehr froh, das zu glauben", sagte er, „und zu glauben, dass sie mir vertrauen würde, wenn etwas passieren würde – wenn ich gebraucht würde." Hier machte er eine Pause und fügte leise hinzu: „Und du auch?"

"Und ich auch! Kannst du daran zweifeln? „Ich weiß", sagte Lucy zögernd, „dass Arthur keinen so wahren Freund hat."

Er machte eine kleine unbewusste Handbewegung. Sie wusste genau, was es bedeutete. Es bedeutete Arthur, immer Arthur! niemals etwas auf eigene Rechnung; immer für den Nutzen, der aus ihm gemacht werden könnte. Aber das wäre, wenn er es in Worte gefasst hätte, sehr unvernünftig gewesen, denn genau aus diesem Grund hatte er behauptet, man vertraue ihm, „wenn etwas passierte – wenn er gesucht wurde". Sehr unvernünftig und inkonsequent; aber dann sind Männer so.

Und was konnte sie sagen? Sie konnte nicht die Initiative ergreifen und ihm sagen, dass zumindest ihr Interesse an ihm nicht nur Arthur zu verdanken war. Sie machte eine zitternde Pause und sagte dann: „Dieses Jahr ist alles so anders. Wir haben nichts anderes getan, als mit Ihnen über Arthur zu reden. Die Zeit, in der wir so freimütig über uns alle gesprochen haben, scheint vorbei zu sein."

„Ja", sagte er, „es ist nett, sehr nett von Ihnen, solche Worte zu verwenden. Was für Gespräche haben wir hier geführt – über uns alle! bevor wir begonnen hatten, die Unterschiede zwischen uns zu spüren."

„Welche Unterschiede?" sagte sie eifrig. "Herr. Durant, ich hoffe, du bist zu großzügig, um zu glauben, dass irgendwelche Meinungsverschiedenheiten von außen …" Die arme Lucy errötete und wurde so eifrig, dass ihre Ernsthaftigkeit ihr Ziel verfehlte und sie die Worte nicht mehr hervorbringen konnte.

„Das nicht", sagte er, „nicht der Verlust unseres Geldes." Ich weiß, dass niemand hier mich deswegen schlechter bewerten würde – vielleicht umso besser", fügte er mit einem Lächeln hinzu, „da ich jetzt nur noch ein armer Mann bin, der keinen Anspruch auf Gleichheit aufgrund seines Reichtums hat. Ich habe es nicht so gemeint; sondern vielmehr die Erleuchtung, die mit den Jahren einhergeht und die mir zeigt, wie wenig ich, so wie ich bin, jemals auf Augenhöhe mit dir sein könnte."

"Herr. Durant, du bist unfreundlich – du *bist* ungroßzügig!"

„Nicht so – nicht so; aber ich bin älter und etwas weiser. Und gemäß dem Brauch sterblicher Dinge kommt diese Erleuchtung genau dann, wenn es für mich am schmerzhaftesten und am bittersten ist, es zu realisieren."

„Das kann ich nicht hören", sagte Lucy und stand zitternd von ihrem Stuhl auf. „Unterschied – welcher Unterschied? Ich kenne keine. Mir wurde nie etwas davon erzählt."

Und er sah sie an, ganz zitternd vor dem Wunsch, noch mehr zu sagen – die Türen seines Herzens zu öffnen und ihr sich darin zu zeigen und alles, was dort war. Er sah sie an und schüttelte traurig den Kopf.

„Ich habe kein Recht, mehr zu sagen. Ich wäre ein armes Geschöpf, wenn ich noch mehr sagen würde; aber dennoch ist es so – und es ist besser für mich, wegzugehen. Du wirst mich nicht missverstehen? Das wäre das Grausamste von allem."

„Ich glaube, es gibt noch etwas Grausameres", sagte Lucy mit einem Impuls, der sie mitriss und den sie sich hinterher nicht verzeihen konnte, „und das ist, deinen Freunden Geheimnisse zu erzählen und zu erwarten, dass sie dich verstehen Sag ihnen niemals, was du meinst – das ist das Grausamste."

„Soll ich dann sprechen, obwohl es hoffnungslos ist – obwohl es fast unehrenhaft ist?" er weinte aufgeregt und atemlos. Lucy zitterte, drehte sich halb um, war aber doch nur halb weg.

"Ah! Dann bist du hier! Ich habe nach dir gesucht", sagte die Stimme von Lady Curtis an der Tür. „Du sprichst mit Lucy, die einen Brief schreiben muss, und ich habe dir etwas zu sagen, Lewis – komm zu mir."

Lucy hatte sich wieder dem Schreiben zugewandt, bevor ihre Mutter aufhörte zu sprechen; sie sah ihn nicht einmal mehr an; aber sie sagte sehr leise: „Ich glaube, ich verstehe", als er langsam an ihr vorbeiging, um diesem Ruf zu folgen.

Und am nächsten Morgen ging er weg.

KAPITEL XI.

NACH der Krise dieses Gesprächs mit Mrs. Curtis, die den Grund für so viel Leid und Unheil darstellte, hörten Arthur und Nancy auf, miteinander zu streiten. Jeder von ihnen hatte Dinge getan und gesagt, die er zu bereuen bereit war – und spürte, dass im Allgemeinen ein besorgniserregender Zustand herrschte, den sie im schlimmsten Fall nicht sehen konnten, ohne das Gefühl zu haben, dass es möglich sein könnte, zu weit zu gehen. Die Tatsache, dass Arthur weggegangen war, ohne sie zu sehen, nachdem sie seiner Tante gegenüber unhöflich gewesen war, seine stundenlange Abwesenheit, sein absolutes Schweigen zu diesem Thema, als sie sich beim Abendessen trafen, hatte einen großen Eindruck auf Nancy hinterlassen. Den ganzen Abend über lag es ihr auf der Zunge, das Thema anzusprechen, sich zu entschuldigen oder zu verteidigen, je nachdem, was gerade am passendsten war. Aber Arthur gab ihr keinen Anlass. Er hatte gegenüber ihr den Vorteil der Bildung, die Angewohnheit der Selbstbeherrschung, zumindest das Gefühl, dass es gelegentlich notwendig war, sich zurückzuhalten, eine grundlegende Lektion, zu der Nancy noch nicht gelangt war. Und die Wirkung auf sie war großartig. Auch sie schwieg, allerdings gegen ihren Willen. Sie verschloss dieses Thema in ihrer Brust, das, wenn sie darüber gesprochen hätte, sie zweifellos zu doppeltem Zorn entfacht hätte. Und sie fürchtete sich ein wenig vor dem Ehemann, mit dem sie bisher so gespielt hatte, wie sie es getan hatte, der nun aber in seiner neugeborenen Zurückhaltung und Stille mehr war, als sie bewältigen konnte. Im Moment hatte sie Angst vor ihm. Er war nicht mehr in ihrer Macht. In seinem Schweigen schien eine gewaltige Bedrohung zu lauern; und die Folge war, dass sie in der nächsten Woche in viel größerer Harmonie lebten, sowohl ein wenig beunruhigt als auch reumütig und voller Angst, einen weiteren Schritt in die falsche Richtung zu machen. Am Ende dieser Zeit machte Arthur die Entdeckung, die Nancy ihm bereits vorgeschlagen hatte: So groß sein Wunsch auch sein mochte, nach Italien zu gehen, seine Mittel würden dies nicht zulassen. Sie lebten seit drei Wochen in ihrer bezaubernden kleinen Wohnung, hatten ständig eine Kutsche benutzt und alles, was ein Pariser Hotel zu bieten hat, was dem Auge und dem Gaumen am angenehmsten war, und es war nichts oder fast nichts mehr übrig. Arthur war sich dieser Tatsache nicht bewusst, als er seinen Brief an seinen Vater schrieb. Er hatte tatsächlich mehr aus der schmerzhaften Entschlossenheit geschrieben, seine Frau zu unterstützen, selbst angesichts dessen, was sie seinen Verwandten angetan hatte, indem er ihrem Willen über ihre Zukunft nachgab, als aus einem vernünftigeren Motiv. Er wusste sehr gut, wie diese Geschichte fliegen würde, wie sie seiner Mutter und Lucy zu Ohren kommen würde und wie jeder, der ihn kannte, Mitleid mit dem armen Arthur haben würde. Dies war es, was ihn plötzlich dazu brachte, seinen Widerstand aufzugeben und zu beschließen, zu tun, was sie wollte. Unter allen Umständen würde er ihren Kredit aufrechterhalten, ganz gleich, wie sie ihn behandeln würde. Sie könnten sie zu dem machen, was ihnen gefiel, sie könnten erzählen, welche Geschichten sie wollten – er konnte ihnen, wie er wusste, nicht widersprechen, aber auf jeden Fall sollte jeder sehen, dass er sie zumindest in ihrer Art zu handeln unterstützte, ihr seine Unterstützung gab durch alles. Dieser großzügige, wenn auch vielleicht törichte Entschluss, der voller betrübter und leidender Liebe war, die die Berechtigung der Anschuldigungen gegen ihre Geliebte nicht länger leugnen kann, war gefasst worden, bevor er die Notwendigkeit einer Heimkehr erkannte; aber diese Notwendigkeit machte es weniger gezwungen und unnatürlich. In der letzten Woche ihres Aufenthalts gab es kaum Versuche, sich zu amüsieren. Denham, der es mit großer Befriedigung genossen hatte, das Geschehen der Braut zu beobachten, und der bereits viele Kreise durch seine Schilderungen über die eifrigen Bemühungen ihres Mannes, sie für das, was sie sah und hörte, zu interessieren, sowie über ihre eigene absolute Unwissenheit und unverhohlene *Langeweile belustigt hatte* , war immer bereit, etwas vorzuschlagen, und hatte tatsächlich zwei oder drei eigene Pläne, dieses bezaubernde Schauspiel mit einigen seiner Freunde zu teilen, im Vertrauen auf Arthurs Einfachheit, was durch das Ereignis möglicherweise nicht gerechtfertigt gewesen wäre. Insbesondere zweien hatte er versprochen, seine „köstliche Engländerin" vorzustellen, wenn das junge Paar die Loge im Odéon angenommen hätte, die er ihnen angeboten hatte, und der schelmische Attaché war über das Scheitern seiner Pläne sehr enttäuscht. Sie lehnten es jedoch einstimmig ab. Nancy hatte sich völlig eingeredet, dass es „keinen Spaß" machte, ins Theater zu gehen, wenn man kein Wort verstand, und Arthur seinerseits war von allem Öffentlichen angewidert. Woher wusste er, dass sie vielleicht nicht jemand anderen treffen würden, den er seiner Frau vorstellen müsste und den seine Frau mit der gleichen Liebenswürdigkeit empfangen würde, die sie Mrs. Curtis entgegengebracht hatte? Die Curtises waren noch in Paris, und er hatte selbst eine aufregende Konferenz mit seiner Tante und Mary abgehalten; aber sie kamen nicht mehr in die Rue Rivoli. Diese Gelegenheit, Freunde zu finden, war zur einfachsten Möglichkeit geworden, sich Feinde zu machen. Er würde solche Aufsätze nicht mehr verfassen. Dementsprechend saßen sie „zu Hause", in dem hübschen kleinen Zimmer mit den weißen Wänden und weißen Vorhängen. Arthur konnte immer seine Briefe schreiben – es waren nicht viele, die er jetzt schreiben musste, da die Korrespondenz mit seiner Familie unterbrochen war und er die meisten seiner Freunde verlassen hatte, aber er behielt den Satz bei; er schrieb seine Briefe, während sie am Feuer saß, manchmal Rüschen oder Besätze an ihren Kleidern herausnahm und anbrachte, manchmal über einer Zeitung gähnend; ab und zu redeten sie ein wenig miteinander und gähnten zwischendurch; Sie hatten keine Bücher außer ein paar Tauchnitz-Bänden, was sie vor einem völligen Zusammenbruch bewahrte, und sie gingen früh zu Bett, was immer eine tugendhafte Sache zu sein schien. So vergingen die Tage. Sie sprachen nicht mehr darüber, „nach Hause" zu gehen, aber es wurde stillschweigend zwischen ihnen vereinbart, dass sie zurückgehen *würden* . So mussten sie es nennen. Und der Tag war festgelegt, die Kisten gepackt und alles erledigt, ohne dass es einer weiteren Beratung bedurfte. Das Leben war jedoch nach dem triumphalen Jubel des Anfangs sehr nüchtern geworden, als sie drei Wochen nach ihrer Hochzeit an einem frühen Morgen erneut den Kanal überquerten, Nancy sehr krank und Arthur würdevoll, aber blass, und an einem regnerischen Tag in London ankamen Dezembernacht, nass und elend, wie es nur sein kann.

Am nächsten Tag gingen sie *zurück* . Arthur hatte Zimmer in dem kleinen Gasthaus bezogen, das gegenüber von Mr. Eagles Haus lag und auf die Grünfläche blickte, wo Durant untergebracht war. Doch bevor sie diesen Ort erreichten, musste am Bahnhof eine Begrüßung überbracht werden, denn die ganze Familie Bates, nicht weniger, hatte sich versammelt, um ihre Tochter zu begrüßen. Nancys Stimmung war von dem Moment an gestiegen, als sie englischen Boden berührt hatte. Sie hatte mit allen, den Wachen, den Trägern und den Bediensteten im Hotel, mit überschwänglicher Zufriedenheit gesprochen, ungeachtet der schlechten Passage und ihrer natürlichen Folgen.

„Oh, was für ein Segen, zu Hause zu sein!" Sie sagte. „Oh, Arthur, ist es nicht schön, zurück zu sein? Mir kommt es so vor, als würde ich am liebsten alle umarmen. Wie viel schöner sieht alles in England aus! Anstelle des immer sauren Weins kann man auch Tee oder Bier trinken; und Wurstbrötchen und Badebrötchen!" rief Nancy und betrachtete diesen entsetzlichen Luxus im Erfrischungsraum von Dover mit ungeheuchelter Freude. Es lag auf Arthurs Lippen, zu rufen: „Um Himmels willen, sprich etwas leiser!" aber er sagte sich: Was hatte das für einen Sinn? Ein oder zwei Leute drehten sich um und lächelten. Und sie kaufte trotz ihrer jüngsten Leiden ein Badebrötchen. Es schien Nancy besser zu sein als alle zarten *Teller* der Welt. Es war Englisch, es war an ihren einheimischen Geschmack und ihre normalerweise gute Verdauung angepasst. Arthur eilte sie mit dem anstößigen Leckerbissen in einer kleinen Papiertüte in der Hand davon.

„Wir müssen den Vorurteilen ein wenig nachgeben", sagte er. „Wissen Sie, die meisten Leute denken, es gibt nichts Besseres als französische Küche."

„Ich würde kein schönes einfaches englisches Abendessen geben — Mutter wird morgen eines für uns haben, ich weiß — trotz all der kleinen Besonderheiten, die es in Frankreich gibt", sagte Nancy.

Als sie Nancy Bates war, redete sie nicht so und aß auch keine Badebrötchen aus Papiertüten. Die Tatsache, Mrs. Arthur Curtis zu sein, mit einem feinen Gentleman, einem unverkennbaren „Gutmenschen" für einen Ehemann, wurde erneut zu einem berauschenden Bewusstsein und verdrehte Nancy ein wenig den Kopf, sobald sie wieder in England angekommen war; und wie könnte sie ihre Zufriedenheit so gut zum Ausdruck bringen, als durch die demonstrative Hingabe an persönliche Vorlieben und die Zurschaustellung persönlicher Zufriedenheit, die das Wesen der Vulgarität ausmacht, aber vielleicht nur der Schaum von Unwissenheit und unbeschwertem Vertrauen ist? Das alles war für Arthur schon anstrengend genug, besonders als Fremde diese patriotischen Ausbrüche hörten und durch ihr Lächeln im Vorbeigehen ihre Wertschätzung für ihre Einfachheit zum Ausdruck brachten. Aber als sie am Bahnhof Underhayes ankamen, wo Mrs. Bates, Matilda und Sarah Jane wartend auf dem Bahnsteig standen, sank Arthurs Herz in die Tiefe. Warum? Wäre Nancys Mutter eine Herzogin gewesen, hätte sie nichts anders machen können. Aber Mrs. Bates mit ihrer braunen Vorderseite und den Blumen in ihrer Haube und Sarah Jane in der neuesten Mode waren zu viel für den armen Arthur. Er beschäftigte sich mit dem Gepäck und fragte sich, wie es sein konnte, dass er es, obwohl er es schon so oft gesehen hatte, bis jetzt noch nie gesehen hatte? Und so sollte er für den Rest seines Lebens umgeben sein! Visionen von seiner Mutter und Lucy glitten vor ihm auf, als er Nancys Kisten, die jetzt so viel größer und schwerer waren als damals, als sie weggingen, herausgehoben sah – seine eigenen Leute! mit ihren leichten Schritten, ihren sanften Stimmen, der zärtlichen Freude in ihren Augen. Mrs. Bates mochte ihr Kind wahrscheinlich genauso gern wie Lady Curtis Arthur; Dass sie diese Zärtlichkeit so anders zeigen sollte, war nicht ihre Schuld, sondern die der Vorsehung, die ihr Schicksal im Leben geregelt hatte. Er versuchte sich einzureden, dass dem so sei, aber es fiel ihm schwer. Im Großen und Ganzen war es das Beste, sich um die Kisten zu kümmern, bis diese Begrüßungen und Umarmungen vorüber waren, zu deren Anblick offenbar die ganze Stadt gekommen war. Einige der „Männer" von Herrn Eagles waren unter den Passagieren im Zug. Arthur verkroch sich inmitten des Gepäcks, um ihren Blicken zu entkommen.

„Wo ist Arthur?" sagte Frau Bates. „Ich hoffe, Arthur weiß, dass du am ersten Tag deiner Rückkehr nicht in ein Gasthaus gehen darfst. Natürlich ist es Tee und kein Abendessen, wie Sie es vermutlich gewohnt sind; aber Tee mit einem schönen Brathähnchen und Würstchen, der so gut ist wie ein tägliches Abendessen; und es ist alles bereit und wartet. Arthur! Wie lange er mit den Kisten beschäftigt ist, um sicherzugehen. Sollen wir es ihm überlassen, sie zum ‚Drachen' hinunterzuschicken, und du kommst mit mir, meine Nancy?"

„Arthur! Arthur!" rief Sarah Jane lauthals und stürmte auf ihn zu, „Mutter ist mit Nancy weitergegangen und ich soll auf dich warten." Sie müssen bei den Kisten nicht so genau sein, der Gepäckträger wird sie sicher genug mitnehmen. Und komm mit, komm mit! Nancy war schon einmal bei meiner Mutter, und ich habe großen Hunger auf meinen Tee."

Einer der „Männer" bei Mr. Eagles drehte sich um, als er jedes Wort dieser Rede hörte, und grinste, wie Arthur dachte, spöttisch.

„Warten Sie nicht auf mich", sagte er schwach. „Gehen Sie bitte weiter, ich werde folgen. Es gibt sehr viele Dinge zu erledigen, und ich muss sehen, was für Räume sie uns gegeben haben. Mach weiter und kümmere dich nicht um mich."

„Oh, wenn es dir zu gut geht, mit deiner eigenen Schwägerin durch Underhayes zu gehen!" rief Sarah Jane; und zu Arthurs großer Erleichterung war sie beleidigt und eilte ihrer Mutter und ihren Schwestern nach, wobei sie dieses Mal „Nancy!" rief. Nancy! halte kurz inne, ich komme."

Der „Mann" blieb, bis sie weg war, vielleicht mit ein wenig Mitleid mit dem Bräutigam. Er war ein glücklicher Zwanzigjähriger, der sich auf das indische Zivilexamen vorbereitete und immer davon ausgegangen war, dass es sich bei seinem Fall um einen eher schwierigen Fall handelte und dass Curtis ein großer „Schönkopf" sei.

„Wie geht es dir, Curtis? Kann ich diese Dinge für Sie erledigen?" sagte er und kam schüchtern heran. Arthur beeilte sich, jedes Zeichen bewölkten Wetters aus seinem niedergeschlagenen Gesicht zu vertreiben.

„Es ist mühsam, sich um sie zu kümmern", sagte er; „Mein erster Versuch, wissen Sie – und man verliert die Beherrschung. Immer noch heftig knirschend, nehme ich an?"

"Schwerer und schwerer! Die Eagles werden von Tag zu Tag wütender. Was für glückliche Kerle manche Menschen sind!" sagte der junge Mann mit einem kleinen Seufzer, während er nickte und sich abwandte.

Arthur spürte, wie er den Seufzer wiederholte. War er der Glückliche? Das hatte er auch gedacht, als er Underhayes verließ und die Braut mit sich führte, für die er bereit gewesen war, die ganze Welt aufzugeben. Das lässt sich leicht sagen. Die ganze Welt aufgeben und seine Nancy in ein blumiges Eden entführen, wo niemand seine Glückseligkeit beeinträchtigen kann – ach ja; aber die Familie Bates! Es war offensichtlich, dass sie es nicht zulassen würden, wie die ganze Welt aufgegeben zu werden. Arthur ging in aller Ruhe zum Gasthaus hinunter, froh, den Moment des Wiedersehens aufschieben zu können, besichtigte seine Zimmer und deponierte sein Gepäck. Vielleicht hatte Nancy ein Recht darauf, wütend zu sein, als er ihr endlich folgte. Sie hatten gewartet, bis das Huhn und die Würstchen fast kalt waren; aber zu diesem Zeitpunkt waren sie mitten in ihrer Mahlzeit und Mr. Bates saß bereits in seinen Pantoffeln am Fußende des Tisches, als Arthur ankam. Der kleine

Salon war heiß und eng, erfüllt von vermischten Gerüchen; Sie waren alle ein wenig gerötet, wegen der ungewöhnlichen Wärme, wegen des Essens. Nancy selbst war neben dem Feuer platziert worden, als die Reisende, der zwangsläufig der beste Platz zugeteilt wurde, und sie war purpurrot vor Aufregung, Freude, Wut und der drückenden Atmosphäre in Kombination. Als Arthur hereinkam, verstummten alle Stimmen.

„Ich denke, du hättest meiner Mutter den Respekt erweisen können, indem du direkt gekommen bist", sagte Nancy mit hoher Stimme.

„Oh, still, Schatz, still! Ich bin mir sicher, dass Arthur keine Unhöflichkeit gemeint hat", sagte Mrs. Bates.

Doch es folgte eine Pause des Schweigens, die allgemeine Missbilligung zum Ausdruck brachte, und alle drehten sich zu ihm um und sahen ihn wie einen Schuldigen an. Er setzte sich gegen seinen Willen und unter unfreundlichen oder empörten Blicken auf den freien Platz. Selbst der Familie Bates war er als Engel des Himmels nicht mehr willkommen.

„Es tut mir leid, dass alles kalt ist", sagte Mrs. Bates; „Wir haben so lange gewartet, wie wir konnten. Aber Nancy wollte nach ihrer Reise unbedingt ihren Tee. Hier ist eine Hähnchenkeule, die ich für dich aufbewahrt habe."

„Ich habe keinen Hunger", sagte Arthur und spürte seine neue Entfremdung und Trennung inmitten der stillen Party. „Ich nehme bitte eine Tasse Tee. Ich musste mich um die Kartons kümmern."

„Du hättest die Kisten sich selbst überlassen können", sagte seine Frau. „Du bist nicht immer so vorsichtig. Du hättest mitkommen können, als ich nach meiner Hochzeit das erste Mal nach Hause kam. Und all die Leute, die mich anstarrten. Aber das stört dich nicht. Früher, als wir hier waren, war es anders. Aber jetzt bin ich nicht mehr so wichtig", rief Nancy. „Ehefrauen sind anders als Lieblinge. Das sehe ich jetzt alles."

Arthur fühlte, wie ihn inmitten dieser häuslichen Hitze ein Gefühl kalter Verzweiflung überkam. Mit seltsamer Anstrengung hielt er sich zurück und wollte nichts sagen; und tatsächlich verspürte er nicht den Drang der Leidenschaft zu sprechen. Eine trostlose Verzagtheit überkam ihn. Wie oft hatte er dort auf dem Sofa in der Ecke gesessen und sich glücklich gefühlt! Was war es, das die Veränderung bewirkte? Denn Nancy hatte vor ihrer Heirat „Wutanfälle", Launen und Stimmungsschwankungen gezeigt. Aber es hatte ihn nicht so beeinflusst wie jetzt. Hilfe kam ihm jedoch auf unerwartete Weise.

„Ich bin nicht damit einverstanden, einen Mann zu nörgeln, was auch immer er getan hat", sagte Mr. Bates. „Wenn Sie während Ihrer Flitterwochen irgendwelche Streitereien hatten, sollten Sie den Verstand haben, sie jetzt zu stoppen. Wenn Sie gerne an Ihrem eigenen Platz streiten, werde ich mich nicht einmischen, ich habe nicht das Recht; aber tu es hier nicht. Das Haus deines Vaters ist insofern nicht mehr als das Haus eines Freundes. Es ist nicht deine Aufgabe, Nancy, deinen Mann hier bloßzustellen.“

„Ich hoffe, ich weiß, wo mein Platz ist, genauso gut wie du oder irgendjemand sonst“, sagte Nancy, wurde rot und nahm die Herausforderung an. Sie hatte noch nie eine Vorliebe für Zurückhaltung gehabt, und jetzt gefiel sie ihr weniger als je zuvor. Sie warf trotzig den Kopf zurück, verwurzelt hinter den Mauern der Unterstützung und des Schutzes, die ihre Mutter und ihre Schwestern gaben, die bedingungslos auf ihrer Seite standen. Am anderen Ende des Tisches, wo Arthur mit vor Scham gerötetem Gesicht saß und der arme Mr. Bates in seiner zerknitterten weißen Krawatte als einziger Parteigänger saß, zeigte sie ihren Trotz.

„Ich denke, Mr. Bates hat recht“, sagte Arthur, „und dass es besser wäre, diese Frage aufzuschieben, bis wir allein sind.“

„Und ich hoffe, Sie fanden Paris angenehm, Sir“, sagte der wohlmeinende Vater. „Ich habe oft gehört, dass es eine sehr schöne Stadt sei. Es muss für Nancy ein großer Vorteil gewesen sein, es mit jemandem zu sehen, der es gut kannte. In meiner Jugend war es für mich wichtiger, nach Frankreich zu gehen, als es heute ist. Ich und Mrs. Bates hatten nie den Vorteil, ins Ausland zu reisen; Aber es gibt viele Dinge, die ihr jungen Leute jetzt genießt, die eure Väter und eure Mütter nicht hatten.“

„Sie können für sich selbst sprechen, Mr. Bates“, sagte seine Frau. „Ich kann nicht sagen, dass ich jemals den Wunsch verspürte, ins Ausland zu gehen. In England gibt es viel zu lernen, wenn man das, was man weiß, sinnvoll nutzt. und Nancy, das arme Kind, scheint es nicht genossen zu haben. Schau, wie dünn sie ist und so blass. Sie machte mir große Angst, als ich sie zum ersten Mal sah. „Ist das meine blühende Nancy?“ Ich sagte mir – ich wollte nicht über Arthur nachdenken. Was weiß der Mensch von solchen Dingen? Sie hat zu viel getan. Ich bin mir sicher, dass es das ist, hier und da und überall herumzureden und abends Verabredungen …“

„Am Abend hatten wir nicht viele Termine“, sagte Nancy. „Zuerst gingen wir ins Theater; aber wir wurden bald müde. Die Schauspielerei war so schlecht, nicht wie die englische Schauspielerei; und solch seltsames Französisch, ganz anders als alles, was ich jemals gelernt habe. Zum einen reden sie so schnell. Aber ich konnte ein bisschen nicht verstehen, und was nützte es, in ein Theaterstück zu gehen und kein Wort zu verstehen? Und wir haben nie jemanden gesehen, außer einer Tante von Arthur, einer Person – aber ich werde nicht von ihr sprechen, denn sie war unhöflich zu mir – und Sir John Denham, der abends immer zu uns kam und uns mitbrachte Tickets für Orte. Es war sehr nett von ihm; und es gab viele Orte zu sehen und jede

Menge alte Bilder und Dinge, von denen Arthur dachte, ich würde verrückt werden; aber ich habe es nie getan. An einem Ort wurde ein Gefängnis abgerissen (ich konnte mich nie an die Namen erinnern), und an einem anderen Ort wurde der Königin der Kopf abgeschlagen.“

„Oh, la!“ rief Sarah Jane.

„Ja, es war eine angenehme Sache, sich dafür zu interessieren, nicht wahr? Oh, die vielen, vielen Menschen, denen der Kopf abgeschlagen wurde, wenn man darauf vertrauen könnte! Als ob es das wäre, was man sehen wollte! Ich habe nie ein Viertel von dem geglaubt, was sie sagten.“

„Und ganz richtig“, sagte ihre Mutter; „Sie erfinden Geschichten; Aber hast du dir nicht etwas Lebhafteres angeschaut, Nancy? Ich dachte, in Paris gäbe es alles, was schwul ist. Aber wenn das alles wäre, mein armes Kind, dann wundere ich mich nicht, dass du dich deprimiert gefühlt hast, fern von allen, die du kanntest. Aber jetzt wird alles ganz anders sein“, sagte sie ermutigend. „Sie werden sich, Sie und Arthur, in einem hübschen, gemütlichen kleinen englischen Haus niederlassen. Es gibt keinen Ort wie „Ome“, wie das Lied sagt. Und ihr werdet euch gegenseitig in die Quere kommen; und Sie haben uns in Ihrer Nähe, wenn etwas nicht stimmt. Oh, Sie werden sehen, alles wird so glatt wie Samt! und ich, oder Sarah Jane, oder Matty, immer um dir zu helfen, die Dinge in Ordnung zu bringen.“

Bei dieser Aussicht wurde Nancy fröhlicher, und das Gespräch ging lebhafter weiter. Aber Nancys Brauen senkten sich, als Arthur, der spürte, dass alles immer unerträglicher wurde, kurz vor der Rum-und-Wasser-Bühne unter dem Vorwand, geschäftlich zu sein, aufstand.

„Ich habe einige Briefe, die ich schreiben muss“, sagte er. Nancys Gesichtsausdruck verfinsterte sich wieder und Mr. Bates klagte hörbar.

„Ich dachte, du wärst zu mir gekommen und hättest es dir bequem gemacht, jetzt bist du ein verheirateter Mann und hast dein Werben hinter dir“, sagte der Steuereintreiber. Armer Arthur! Wurde von ihm erwartet, dass er auch den Rum und das Wasser teilte? Er wusste kaum, wie es ihm schließlich gelang, zu entkommen, und versprach, nach dem Schreiben seiner Briefe zu seiner Frau zurückzukehren. Aber er hatte in Wirklichkeit keine Briefe zu schreiben. Er ging sehr traurig durch die Dunkelheit und fragte sich, was er tun sollte. Es war vielleicht schwach, ihr nachgegeben zu haben, zuzulassen, dass sie ihn hierher zurückführte; Es war alles unerträglich, das Haus, die Familie, das Gespräch. Früher war es ihnen ganz gut gegangen, wie kam es, dass sie jetzt keine Geduld mehr hatten?

Kapitel XVI.

Am nächsten Tag ging Nancy, durch die Besatzung wieder in vollkommene gute Laune versetzt, mit ihrer Mutter hinaus, um sich einige Häuser anzusehen, die sie bereits für ihre Wahl ausgewählt hatte. Sie kam in das kleine Wohnzimmer, in dem Arthur mit Durant über seine Ehe gesprochen hatte und in dem das junge Paar nun ansässig war – strahlend und strahlend von ihrem frühen Spaziergang, um ihm alles über diese begehrenswerten Residenzen zu erzählen. Rose Villas, Glenfield Road, hieß die Reihe, in der es zwei Häuser, eines leer und eines möbliert, zu vermieten gab.

„Du musst mit mir kommen und sie sehen, sobald du zu Mittag gegessen hast – ich will kein Mittagessen", rief Nancy. „Ich bin so begeistert! Die liebsten Häuschen, Arthur! gerade groß genug für uns und so hell, mit Gärten hinten und vorne und allem, was das Herz begehrt."

„Aber wir wollen doch doch nicht zwei Häuser, oder?" er sagte.

„Nein, du dummer Junge; Aber wenn wir das, das für kurze Zeit möbliert ist, und das, das nicht für die Dauer eingerichtet ist, nehmen, dann können wir uns in dem einen Haus wohlfühlen, während wir das andere einrichten; ist das nicht schlau?" sagte Nancy lachend. „Ich kann mir nichts Schöneres vorstellen. Beeilen Sie sich mit Ihrem Mittagessen, Arthur. Oh ja, ich werde mich zu dir setzen, ich werde einen Bissen essen; aber ich habe es so eilig. Ich hoffe, dass sie Ihnen genauso gut gefallen wie mir. Es ist so schön, daran zu denken, ein „Ome" zu haben, wie Mutter sagt."

Arthur gab keine Antwort; Nach so viel stürmischem Wetter machte es ihm Kummer, all diesen Sonnenschein durch irgendwelche Vorwürfe zu zerstören. Er war froh, ein wenig darin zu schwelgen und die nächste Schwierigkeit hinauszuzögern. Es war ein heller Winternachmittag, als sie sich gemeinsam auf den Weg machten, die rote Sonne ging im Westen unter und warf alle blattlosen Bäume hinter Mr. Eagles' großem Haus wie auf einen purpurroten Hintergrund, von dem sich jeder Ast und Zweig abhob – die Das Grün ist leuchtender grün als sonst durch die vielen Regenfälle und durch die Nachmittagsrötung, die seine Farbe verstärkte – die roten Backsteinhäuser sind im Licht ganz rötlich und warm. Selbst für Arthur, dem das Herz schwer war, war es ein angenehmer Spaziergang zur Glenfield Road. Sie waren allein und Nancy war in bester Laune und voller Selbstzufriedenheit. Obwohl sie das Vertrauen in die Pariser Kleider verloren hatte, was ihre Mutter und ihre Schwestern sehr enttäuscht hatte, und befürchtete, dass ihr Reisekostüm furchtbar altmodisch aussah (was Sarah Janes Meinung war), konnte das Gefühl, zu Hause zu sein, alle blenden Ihre alten Gefährten mit ihrem Glück zu begrüßen und zu spüren, dass ihr Haus, ihr Ehemann und all ihre Besitztümer von den richtigen Leuten bewundert und beneidet werden würden, hatte alle Empfindlichkeiten Nancys beruhigt und ihre Stimmung auf den höchsten Punkt gehoben. Sie tanzte beinahe die Straße entlang und hielt Arthurs Arm auf eine Weise, die vielleicht altmodisch ist, für eine Braut aber dennoch selbstverständlich ist. Sie war im Begriff, ein eigenes Haus zu haben, ein Haus, das einer Dame würdig war und in das unterwürfige Handwerker, die ihr einst ebenbürtig oder sogar besser waren, Aufträge einholen würden. Sie war im Begriff, ihre eigenen Bediensteten zu haben – kein „Mädchen" wie im Bates-Etablissement, sondern eine Köchin und ein Hausmädchen, so gut wie der Pfarrer oder einer der guten Leute auf dem Green. Und all diese guten Leute würden sie aufsuchen, dachte Nancy; Wer unter ihnen war Mrs. Arthur Curtis, der Schwiegertochter eines Baronets, ebenbürtig und sollte einmal Lady Curtis – die Frau eines Baronets – werden? guter Freund. Und dann war da noch Durant.

„Wer ist Durant", sagte sie, „Arthur? Ist er jemand, ist sein Vater jemand? Ich hatte hier einmal ein langes Gespräch mit ihm. Ich war wütend – aber im Großen und Ganzen mochte ich Durant."

„Er ist – mein ältester Freund; und der Mann auf der ganzen Welt, der am meisten über mich weiß", sagte Arthur und lachte wider Willen; „Aber weitere Informationen würden dich nicht aufklären, Nancy –"

„Du meinst, dass ich deine Adelsstände und dergleichen nicht kenne", sagte Nancy ein wenig pikiert.

Diesmal lachte Arthur mit gutem Willen. „Ich glaube nicht, dass Ihnen die Adelsstände viel helfen würden", sagte er. „Lewis Durant ist der Sohn eines Geistlichen, Nancy."

„ *Nur* ein Geistlicher?" Sie war enttäuscht. „Aber sie müssen sehr reich gewesen sein oder so, Arthur, oder so stolze Leute wie Ihr Volk hätten Durant nicht so vertraut mit Ihnen gelassen."

„Meine Leute", sagte Arthur mit einiger Eile, „wären nicht auf die Idee gekommen, meine Schulfreunde zu fragen, wessen Söhne sie seien; und Lewis' Familie *waren* reich – aber sie sind jetzt nicht reich. Nennen Sie ihn bitte Lewis, wenn Sie von ihm sprechen, Nancy; aber sag nicht Durant. Es klingt *schnell*; und du wirst nie schnell sein, hoffe ich."

„Oh, das klingt schnell, meinst du?" Nancy war besänftigt. Als er zuvor dieselbe Bitte geäußert hatte, hatte sie es für ein Stigma gehalten, nicht zu wissen, wie eine Dame sprechen sollte, aber das war ein geringeres Vergehen. „Na dann, Mr. Durant – wenn ich Mr. Durant sagen muss – ist er jetzt nicht reich?"

„Nein, überhaupt nicht reich."

„Oh, dann muss er wohl für seinen Lebensunterhalt arbeiten wie – jeder normale Mann? Ich bin so froh, dass du nicht so bist, Arthur. Was für einen Unterschied muss es machen! Seinen Mann den ganzen Tag bei der Arbeit zu haben – oder seinen Mann immer an seiner Seite zu haben, bereit für einen Spaziergang, für die Beantwortung einer Frage oder Ähnliches. Ich bin so froh, dass Sie ein Gentleman sind, Arthur. Ich wäre nie glücklich gewesen, wenn ich einen Mann aus einem anderen Stand der Gesellschaft geheiratet hätte.“

„Durant ist genauso ein Gentleman wie ich, Nancy.“

"Was! wenn er für seinen Lebensunterhalt arbeiten muss? Oh ja, ich weiss. Wer gute Kleidung trägt und sich in der Gesellschaft zu benehmen weiß, wird nach dem Namen Arthur ein Gentleman genannt. Die Assistenten bei Shoolbred's sind natürlich alle Herren; aber das ist nicht das, was ich meine – Sie wissen, was ich meine. Angenommen, Durant – ich meine Mr. Durant – hätte uns länger gekannt und wäre wie Sie zu uns nach Hause gekommen, und Sarah Jane und er hätten sich verliebt, dann wäre sie bei weitem nicht so glücklich gewesen wie ich.“

„War *das* gedacht?“ sagte Arthur mit einem Lächeln, das keine wirkliche Belustigung erkennen ließ. „Ich wusste nicht, dass ernsthaft darüber nachgedacht wurde.“

„Oh ja, daran wurde gedacht. Warum hätte es nicht passieren dürfen? Er war dein Freund; und man sagt, eine Hochzeit bringt die nächste mit sich. Ich glaube nicht, dass Sarah Jane etwas dagegen gehabt hätte“, sagte Nancy in vollkommen gutem Glauben. „Sie hätte Raisins sofort umgeworfen; Und tatsächlich glaube ich, dass sie Raisins bei all ihren Flirts sehr schlecht behandelt. Ich sage ihr, dass er es ist, der sie eines Tages über Bord werfen wird.“

„Dann wäre Durant vielleicht Mr. Raisins vorgezogen worden“, sagte Arthur. „Was für eine Chance für Lewis!“

Nancy war sich über die Bedeutung dieses Lachens nicht ganz sicher. Vielleicht war es nicht nur Bedauern darüber, was Durant verloren hatte; doch als sie in diesem Augenblick Rose Villas erblickten, wurde ihre ganze Aufmerksamkeit auf das aufregendere Thema gelenkt. „Da ist das leere, Arthur“, sagte sie, „schau, wie hübsch! Aber ich sehe, die Tür von Nr. 6 ist offen, also gehen wir zuerst dorthin. Dahinter liegt so ein hübscher Garten, und die Fenster öffnen sich hinein. Im Garten gibt es jetzt nicht mehr viel, aber im Sommer wird es köstlich sein. Oh ja, hier sind wir; Das ist Mr. Curtis, Mrs. Smith. Wir sind bitte noch einmal gekommen, um das Haus zu besichtigen.

„Bitte, gnädige Frau", sagte die kleine, prüde Vermieterin, deren Wohnung nicht so gut vermietet war wie sonst und die nicht abgeneigt war, ihr Haus loszuwerden. Nancy lief entzückt davon und führte ihren Mann von einem Zimmer zum anderen. „Hier könntest du deine Briefe schreiben müssen, Arthur, und das wäre mein Salon", rief Nancy und strahlte vor nicht unschönem Stolz; „Und schauen Sie, was für ein lieber kleiner Davenport und ein Tisch mit Intarsien und dieses lustige kleine dreieckige Ding in der Ecke und ein schönes weißes Tuch über dem Teppich – so sauber aussehend – fast wie unsere weißen Teppiche in Paris."

Arthur ließ zu, dass er durch das ganze Haus geschleift wurde. Es war wie hundert, nein, eine Million anderer Doppelhaushälften in der Vorstadt. Die kleinen Zimmer waren ordentlich, wenn auch nicht schön; und obwohl Arthur in Oakley inmitten der Lieblingspracht seiner Mutter aufgewachsen war, war er nicht wählerisch genug, um sich von der alltäglichen Umgebung ärgern zu lassen. Es war nicht der Mangel an Schönheit, der ihn bewegte; Aber das Gefühl, „zur Ruhe zu kommen", das für Nancy so entzückend war, beeinflusste seine Fantasie wie ein Albtraum. Sie war selbst so zufrieden, so gespannt darauf, alles über die Dienstmädchen zu erfahren, die Mrs. Smith „empfehlen" konnte, und war so eifrig an allem interessiert, dass seine düsteren Blicke unbemerkt blieben. Und Arthur bremste ihre Freude erst, als sie, nachdem sie die Angelegenheit mit Mrs. Smith geklärt hatte, darauf bestand, ihn neben Nr. 9 zu tragen, das unmöbliert vermietet werden sollte. „Das ist das Interessanteste", sagte sie. „Komm mit, Arthur; denn du weißt, dass dies unser wahres Zuhause sein wird – das werden wir uns selbst einrichten;" und sie zerrte ihn zur Tür. Normalerweise ließ Nancy ihr H nicht fallen, aber sie war mit dieser Form des Wortes zu vertraut, um es anders als „ome" zu nennen.

Hier hatte Arthur jedoch die Kraft, Widerstand zu leisten. „Das reicht für heute. Sie dürfen mich heute nicht bitten, mehr zu tun. Nach dem Abendessen werden wir alles noch einmal am Feuer besprechen."

"Nach dem Abendessen?" sagte Nancy. "Oh! Ich sagte, wir würden zu Mutter gehen und ihr erzählen, was wir vereinbart hatten. Warum, was ist los, Arthur – darf ich nicht zu Mutter gehen? Wir sind erst einen Tag zurück und du fängst schon an, Grimassen zu schneiden! Du kannst nicht sagen, dass ich mein Volk auf *dich* ziehe ."

„Ich glaube, manchmal bist du mit mir zufrieden", sagte Arthur und versuchte zu lächeln.

„Ich bin seit drei Wochen mit dir zufrieden", sagte Nancy. „Ich habe noch nie eine andere Menschenseele gesehen als dich. Ich glaube, du würdest ab und zu genauso gerne ein anderes Gesicht sehen wie ich – und meine eigenen Leute!" Arthur sagte nichts mehr. Er lenkte das Gespräch auf andere Kanäle und führte sie zurück zum Thema der Villa, das im Großen und Ganzen sicherer war; Und als der Abend kam und das Abendessen vorüber war und Nancy mit einer gewissen fröhlichen Kühnheit, aber nicht ohne Angst, losging, um ihr Wickeltuch zu holen, nahm Arthur seinen Hut und begleitete sie wortlos. Sie befand sich in einem Zustand höchster Freude und konnte sich kaum zurückhalten, kleine Triumphgesänge zu singen, während sie die halberleuchtete Straße entlanggingen und seinen Arm fest umklammerten, mit einem Zeichen der Zuneigung, die Arthur zu Herzen ging.

„Um wie viel Uhr soll ich dich abholen?" sagte er, als sie sich der Tür näherten.

"Komm zu mir! kommst du nicht mit mir, Arthur?"

„Ich habe meine Briefe noch nicht beendet", sagte er; „Wie *Sie* sagen, wir hatten drei Wochen Urlaub; und dann war ich heute Nachmittag mit euch unterwegs. Ich muss heute Abend meine Briefe für die Post fertigstellen.

Sie löste wortlos ihre Hände von seinem Arm und ging hinein; und der flüchtige Blick, den Arthur auf den Salon erhaschte, verleitete ihn nicht dazu, ihm zu folgen. Young Raisins war eines der Unternehmen. Er saß auf dem Sofa, auf dem Arthur mit Nancy zu sitzen pflegte, vermutlich hinter dem Rücken und ohne die Beobachtung der anderen. Young Raisins war nun der Liebhaber vor Ort, und sein Anblick an diesem Ort ließ Arthur das Blut in den Kopf schießen, als er wegging. Konnte es möglich sein, dass er selbst dort vor ein paar Wochen unsäglich glücklich gewesen war und in den vier geraden Wänden nichts als Gemütlichkeit und Schönheit in der familiären Zuneigung gefunden hatte, die all diese Menschen so eng zusammenhalten ließ? Rosinen standen nun wie schon zuvor im Vordergrund des Bildes, und das mit viel passenderer Wirkung. Und dies war das Zuhause, das seine Frau liebte. Da war der Schmerz! war sie gleichgültig, unfolgsam – sogar nachlässig gewesen, wie er glaubte sich zu erinnern, dass sie es einmal gewesen war? Aber Nancys Eheerfahrung, die vielleicht nicht ganz erfolgreich war, hatte sie auf eine nicht ungewöhnliche Weise auf ihre früheren Zuneigungen zurückgeworfen, obwohl Arthur sich dessen nicht bewusst war. Ihr Mann und sie hielten nur durch ihre Liebe zusammen; Ihre Gewohnheiten waren nicht gleich, ihre Denkweise war anders. Selbst als sie am kühnsten und selbstbewusstesten war, fühlte sich Nancy bei dem „Gentleman", den sie geheiratet hatte, nie ganz wohl; aber bei ihren eigenen Leuten fühlte sie sich vollkommen wohl. Arthur berücksichtigte dies nicht; Aber er war offenherzig genug, um beim Weggehen ein Gewissensbisse zu verspüren und anzuerkennen, dass es aus Nancys Sicht schwierig erscheinen konnte, dass er nicht eine oder zwei Stunden verbringen konnte, ohne sich in der Gesellschaft der Familie zu beschweren, die ihm alles gegeben hatte sie ihr ganzes Leben lang. Es war schwer, dass sie sich so bald, bevor ein Monat ihres Ehelebens vorüber war, zwischen dem alten und dem neuen Zuhause, zwischen ihren Eltern und ihrem Ehemann entscheiden musste. Arthur hatte einen großzügigen Geist, und diese Wahrnehmung hielt ihn davon ab, sich als gekränkter Mensch zu fühlen, wie er es halbwegs getan hatte. Es zwang ihn auch dazu, in sein Hotel zurückzukehren und tatsächlich die halb eingebildeten Briefe zu schreiben, die sein einziges Geschäft waren, und nicht wie in der Nacht zuvor umherzuwandern und über die Schwierigkeiten seiner neuen Position zu grübeln Grund, den er erneut für die Aufgabe dieses Familienkreises angeführt hatte. Seine Briefe waren nicht alle eingebildet: Es gab einen von Mr. Rolt, dem Agenten, als Antwort auf Arthurs Brief an seinen Vater. Sir John war zu empört und vielleicht (was ihm aber nicht bewusst war) auch zu wenig geneigt, sich die Mühe zu machen, selbst darauf zu antworten. Er hatte den Brief nicht dem Anwaltsbruder übergeben, gegen den Arthur Rache geschworen hatte, sondern dem Agenten, der immer ein Liebling gewesen war, der Freund ihrer Jugend, mit den jungen Curtises, sowohl dem Jungen als auch dem Mädchen. Der Brief von Herrn Rolt war sehr freundlich und vernünftig, und es war schwierig, darauf zu antworten, ohne zu beweisen, dass er im Unrecht war. Sir John hatte nichts dagegen, sein Taschengeld zu erhöhen – er lehnte nichts ab, was Arthur von ihm verlangte. Es gab nichts Hartes in den Bestimmungen, nichts Verbotenes in dem, was der Stellvertreter seines Vaters schrieb.

„Ihre Familie möchte nicht, dass Sie leiden, wie können Sie das denken? – sie möchte Sie nicht aus Ihrer natürlichen Position verdrängen. Hätten Sie sie so behandelt, wie sie es erwartet hätten, mein lieber Arthur", schrieb der gute Mann, der ihn sein ganzes Leben lang gekannt hatte, „hätten Sie, glaube ich, einigermaßen mit Sir Johns Nachsicht rechnen können; aber du hast deinem Vater und deiner Mutter dieses Vertrauen nicht geschenkt, obwohl sie es sicherlich durch deine Hände verdient hätten; Und können Sie sich fragen, ob Sir John wütend ist? Er wird Ihnen nicht selbst schreiben, da er der Meinung ist, dass Ihr Brief nicht die Art von Brief ist, die er unter den gegebenen Umständen von Ihnen hätte erhalten sollen; aber er hat mich angewiesen, Ihnen mitzuteilen, dass Ihren Wünschen in angemessenem Umfang entsprochen wird. Er möchte nicht, dass Sie infolge des von Ihnen unternommenen Schritts in persönlichem Komfort leiden."

Dies war der Brief, den Arthur beantworten musste. Er hielt inne, dachte darüber nach und wiederholte sich: „Ich möchte nicht, dass du in persönlicher Bequemlichkeit leidest." Gab es, wie sie vermuteten und berechneten, andere Möglichkeiten, wie er für seinen Ungehorsam leiden könnte? Er machte eine Pause, um alles durchzugehen, was in den letzten drei Monaten passiert war. Hätte er anders handeln können, als er es getan hatte? Wenn er seinen Eltern von Anfang an sein Vertrauen geschenkt hätte, wie sie es ihm vorwarfen, was wäre dann das Problem gewesen? Mit welchen

Augen hätten Lady Curtis und Lucy seine Nancy betrachtet, die sich ihrerseits ihnen widersetzt hätte? Er schüttelte den Kopf, während er über dem Blatt Papier vor ihm nachdachte. NEIN! NEIN! Hätte er sich ihnen anvertraut, wären die Dinge schlimmer und nicht besser gewesen – denn er hätte Nancy sowieso geheiratet, wenn ohne ihre Zustimmung, wenn gegen ihr bewusstes Urteil, was spielte das für eine Rolle? außer dass das Letzte das Schlimmste gewesen wäre. Er konnte sich vorstellen, wie sie ihrer Inspektion begegnet wäre – wie sie sie abgestoßen und verachtet hätte. Nein – nein, wiederholte er sich. Es ist besser, sie in Unwissenheit zu lassen, als die offenen Streitereien zu riskieren, die unvermeidliche Spaltung, die darauf gefolgt sein muss. Sie hätten Nancy sein Herz nicht entziehen können. Nein, schon wieder nein! Und der Bruch wäre bitterer gewesen, nicht weniger. Mit einem Seufzer entschied er, dass er im Großen und Ganzen nicht den schlechtesten Weg gewählt hatte. Er sagte sich nicht, dass beides schon schlimm genug sei, aber er seufzte. Nancy hatte ihn verlassen, um zu ihrer Familie zu gehen und in dem stickigen kleinen Salon glücklich zu sein, wo ihr Vater seinen Rum und sein Wasser trank; und er – er seufzte und ging nicht weiter – wegen *seiner* Habseligkeiten, wegen seines Zuhauses, wegen der natürlichen Beschäftigungen seines Lebens. Sie haben ihre Wahl nicht bereut; Doch schon im ersten Monat ihrer Ehe war beiden diese seltsame Rückkehr zu sich selbst widerfahren. Vielleicht ist das selbst unter den Glücklichsten nicht so wunderbar, wie wir behaupten; Denn ist der Anfang nicht der schwerste, in der Ehe wie in so vielen anderen Dingen? Arthur schrieb seinen Brief und gab ihn zur Post, da er sich nach dem, was er gesagt hatte, dazu verpflichtet fühlte; Dann holte er seine Frau aus dem Haus ihres Vaters ab. Sie waren dort sehr fröhlich, hörte er, als er am erleuchteten Fenster vorbeiging; und es wurde immer neugieriger für ihn, als er hineinging und feststellte, dass der junge Raisin der Herr der Situation war und sie alle mit seinen Witzen amüsierte. Arthur hatte zu seiner Zeit noch nie so viel *Erfolg gehabt*. Er war ziemlich froh, als er sah, dass Nancy den Spaß nicht wie die anderen genoss, sondern ein wenig abseits und mit etwas düsterer Miene saß, bis er eintrat, als sie ihren Ernst abwarf und sich in den Tumult stürzte, der rund um den Tisch tobte , wo Mr. Raisins Kartentricks vorführte und mit den Besten lachte und redete. Arthur konnte nicht erkennen, ob ihm damit ihre überlegene Fröhlichkeit und Unbeschwertheit zu Hause gezeigt werden sollte, oder ob es seine eigene Anwesenheit war, die ihre Unbeschwertheit zurückbrachte. Und er selbst, von Gewissensbissen berührt, tat sein Bestes, um sich angenehm zu machen, um zu zeigen, dass er eine gute Verständigung zwischen ihnen wünschte. Dabei gelang ihm mehr, als er gehofft hatte. Die guten Eigenschaften der jungen Rosinen hatten das Haus so bezaubert und entzückt, dass auch Arthur das gute Gefühl teilte, das er hervorgerufen hatte. Mrs. Bates schmolz völlig dahin und erklärte mit ausgebreiteten Händen: „Dies *war* ein glückliches Treffen" und dass „Eltern" in der Tat Grund zur

Zufriedenheit hätten, wenn ihre Mädchen so glücklich untergebracht seien. „Wenn ihr euch alle um das ‚alte Haus‘ versammelt ‟, waren die Worte der zufriedenen Mutter; aber unglücklicherweise konnte Arthur in dem allgemeinen Gefühlsdrang, der darauf folgte, ein leichtes Lachen kaum zurückhalten, was Nancy, die ganz aufmerksam zu sein schien, bemerkte, obwohl es sonst niemand bemerkte. Warum sollte er lachen? Er hätte nicht gelacht, wenn es das alte Haus von Oakley inmitten seiner Bäume und Parks gewesen wäre, um das er sich scharen sollte; und warum nicht das kleine Mietshaus in der East Street, Underhayes? War es möglich, dass der Materialismus so weit gehen konnte, die Stimmung an der Größe des Hauses zu messen? Er sagte sich das, lachte aber immer noch in Gedanken und konnte nicht sagen, warum.

„Ich hoffe, du hast deine Briefe geschrieben‟, sagte Nancy kalt, als sie nach Hause gingen.

"Ja; das, was ich unbedingt schreiben wollte, ist weg. Es war eine Antwort an Herrn Rolt, von der ich Ihnen erzählt habe.‟

„Dann haben Sie keine Ausrede mehr, morgen – ich meine an einem anderen Abend – Briefe zu schreiben. Sie werden keinen Grund haben, wegzubleiben.‟

„Du willst nicht, dass ich jeden Abend bei deiner Mutter verbringe, Nancy?‟

„Ah, jetzt kommt es heraus‟, sagte sie. "Ich habs gewusst. Es waren keine Briefe, sondern weil du vor uns fliehen wolltest, vor meiner Familie, auf die du herabschaust. Wenn du sie verachtest, hättest du mich nie heiraten sollen; denn ich werde an ihnen festhalten, solange ich lebe.‟

„Ich habe nicht die Angewohnheit, lügnerische Ausreden zu finden‟, sagte Arthur so ruhig er konnte; „Und es ist nicht notwendig‟, fügte er nach einer Pause hinzu und beherrschte das Gefühl in seiner Stimme, „eine Familie zu verachten, weil man nicht jede Nacht mit ihnen zusammen sein möchte.‟

"Jede Nacht! „Das ist die zweite Nacht‟, rief Nancy voller Verachtung.

„Nancy‟, sagte Arthur, „lass uns nicht streiten. Ich möchte Ihre natürliche Zuneigung nicht beeinträchtigen, aber Sie können nicht erwarten, dass ich genauso fühle wie Sie. Es ist nicht möglich! Und halten Sie es nicht für klug, zuzustimmen, dass es große Unterschiede zwischen Ihrer Familie und mir gibt? dass wir uns wahrscheinlich besser einigen können, wenn wir getrennt sind, und dass ein Treffen ab und zu am besten wäre, nicht zu oft? Ich möchte dir nichts vorschreiben –‟

"NEIN; Es wäre, wie Sie sagen, klüger, es nicht zu versuchen‟, sagte Nancy. "Ich sehe jetzt. Aus diesem Grund würden Sie sich nicht dazu herablassen, sich das andere Haus anzusehen. Ah ich sehe! Du willst weggehen, diesen

Ort verlassen, der der einzige Ort ist, an dem ich glücklich sein kann. Das ist dein Plan? Oh, ich gebe zu, es ist ein guter Plan! aber es wird nicht so einfach sein, es durchzuführen."

„Ich möchte dir nicht diktieren, sage ich. Ich möchte nicht, dass du auf etwas verzichtest, das für dein Glück wichtig ist. Aber ich habe mein Volk für dich aufgegeben, Nancy –"

„Dann geh zurück zu deinen Leuten und mach Schluss damit!" rief Nancy, warf sich von seinem Arm los, an dem sie sich festgehalten hatte, und stieß ihn von sich. Arthur war so erschrocken, dass er durch diesen energischen Impuls an den Rand des Bürgersteigs getrieben wurde, dass ihm sogar die Fähigkeit zum Sprechen genommen zu sein schien. Und was gab es zu sagen?

KAPITEL XIII

M. R. und Mrs. Arthur Curtis ließen sich nach ein oder zwei Tagen in Nr. 6, Rose Villas, nieder, wo Nancy ihre beiden Dienstmädchen zu versorgen hatte und alles, was ihr im Leben am schönsten und wünschenswertesten vorgekommen war. Das kleine Wohnzimmer war bei Winterwetter kein besonders angenehmer Ort; der Teppich war mit einem straff gespannten weißen Leinentuch bedeckt, an den Fenstern hingen weiße Musselinvorhänge, die Wände waren weiß und gold, ganz nach der bewährten Art kleiner Wohnzimmer in kleinen Villen. All dies, auch wenn es sehr sauber aussah, wie Nancy sagte, war im Dezember kühl, und der kleine Kamin war so nah an der langen französischen Fenstertür und beide waren so nah an der Tür, dass es im Zimmer zugig und kaum so gemütlich war, wie man es sich hätte wünschen können. Es gab ein Klavier darin, auf dem Nancy nicht spielen konnte, obwohl sie während der fünf Vierteljahre, in denen sie in der Schule war, Klavierunterricht erhalten hatte; und einen Arbeitstisch, den sie nicht viel zum Arbeiten benutzte; aber keine Bücher oder Bilder an den weiß-goldenen Wänden. Als Arthur sich beim Umstellen der Möbel angestrengt hatte, was Nancy nicht mit Begeisterung tat – denn sie war immer noch der Meinung, dass eine Reihe von Stühlen an der Wand „an ihrem richtigen Platz" stand und dass es fast unmoralisch war, sie zu stören –, drängte sich ihm die Entdeckung, dass er nichts zu tun hatte, immer stärker auf. Was wollte er denn tun?, dachte Nancy. War es nicht das Beste auf der Welt, nichts tun zu müssen, das wahre Zeichen eines Gentlemans? Eine gewisse Verachtung von Leuten, die für ihren Lebensunterhalt arbeiteten, hatte sich von Mrs. Arthur Curtis bemächtigt. Warum sollten sie sich aufspielen, wenn sie doch alle eins waren wie ein Maurer, der für sein Brot arbeitete? Aber jeder konnte sehen, dass Arthur ein Gentleman war. Es ist zu hoffen, dass Gentlemen im Allgemeinen mit der Last ihrer Vornehmheit besser zurechtkamen als Arthur. Es war nicht – niemand soll sich täuschen –, dass er arbeiten wollte. Die Arbeit, wenn er mit Mr. Eagles gelesen hatte, war dem jungen Mann äußerst lästig gewesen. Es stimmte, dass er nicht lange genug geblieben war, um es zu versuchen, aber er hatte sein Studium nicht geliebt, besonders nicht unter dem Ansporn des scharfen und drängenden „Trainers". Es gibt jedoch andere Dinge, an die junge Männer denken, wenn sie davon sprechen, „etwas zu tun" zu haben, die aus industrieller Sicht nicht viel aussagen. In seinem natürlichen Zustand und zu Hause hatte Arthur viele Beschäftigungen. Er schoss, er jagte, er ritt durch das Land, er machte Besuche; er wurde von Leuten in Schwierigkeiten angerufen; er wurde zu den Angelegenheiten des Anwesens befragt. Manchmal musste er auf Wahlkampfveranstaltungen erscheinen, um die Wahl seines Vaters zu unterstützen; er musste ab und zu Reden halten und jenes Interesse an öffentlichen Angelegenheiten zeigen, das für jemanden, der manchmal daran teilnehmen muss, unverzichtbar ist. All dies hatte nun ein Ende. Die Ruhe, die nicht aufzuhaltende Stagnation seines gegenwärtigen Daseins fiel über ihn, wie der Vorhang in einem Theater über die belebte und geschäftige Szene fällt. Wenn das Drama vorbei ist oder in den Momenten der Ruhe zwischen den Akten, ist es eine unbewegliche Darstellung des Lebens oder der Szenerie, ein unveränderliches Ereignis oder eine Landschaft, die für uns die brillante Bühne abschließt, auf der das menschliche Leben in all seiner Veränderlichkeit und Gefühlsvielfalt dargestellt wurde. Arthurs häusliches Glück war wie diese Absturzszene. Sein Leben war mit all seinen Hoffnungen und Beschäftigungen von ihm gewichen; er war nicht mehr der junge Gutsherr, der in seinem kleinen Territorium so mächtig war wie jeder Prinz von Wales, nicht mehr der aufstrebende Magnat der Grafschaft, mit den wachsenden Verantwortlichkeiten um ihn herum, mit den Deckungen, an die er denken musste (wenn nicht mehr), mit den Wilddieben, die er in den Griff bekommen musste, und mit dem öffentlichen Leben, auf das er sich freuen konnte. All diese erfülltere Existenz war verschwunden. Die Absturzszene, die eine weiß-goldene Laube der Glückseligkeit darstellte, mit zwei sitzenden Figuren (vor dem Feuer, aber das war eine Frage des Details), alles in allem füreinander, wie romantische Leute sagen, war mit einer unbarmherzigen Vollständigkeit gefallen und verbarg alles. Jeden Nachmittag machte er mit seiner Frau einen langen Spaziergang. Oft ging er abends aus, um sie von ihrem Vater abzuholen, oder er hatte das Vergnügen, ihren Vater und ihre Mutter zu Hause zu bewirten; und morgens schlenderte er auf eigene Faust hier und da hinaus, während Nancy vorgab, ihren Haushalt zu führen, oder in dem ihm zugewiesenen Zimmer träge die *Times las* , mit dem Gefühl, als sei all die darin angedeutete geschäftige Aufregung der Welt so weit von ihm entfernt, dass er sie nur noch schwach wahrnehmen oder verstehen konnte. Die Szene mit dem Tropfen! Welcher unschuldigen Brust hätte sich dieses Bild nicht empfohlen? Zwei Gestalten, jung und schön anzusehen, die Welt vergessend, bei der Welt vergessend; die füreinander lebend, alles für die Liebe, und die Welt gut verloren.

Das ging wirklich lange ohne Störung weiter. Die Gründung der Arthur Curtises in Rose Villas gab der kleinen Welt von Underhayes viele Anlass zur Überlegung. Sollten sie anrufen? war eine heiß diskutierte Frage. Anruf? über Bates, die Tochter des Steuereintreibers! Könnte etwas absurder sein? sagten die älteren Damen. Aber die Jüngeren waren interessiert; Wer hätte kein Interesse an so einem romantischen Geschäft? und die Herren waren entweder bedauert oder neugierig auf den jungen Ehemann, der so alles „einem hübschen Gesicht" geopfert hatte. Denn das Mädchen war einfach ein ungebildetes Mädchen wie jedes andere in ihrer Position, sagten alle. Es gab in Nancy keine angeborene Überlegenheit, die ihre Erhebung rechtfertigte, und ihr Mann hatte sich auch nicht die Mühe gemacht, sie zu erziehen, bevor er sie zu seiner Frau machte, wie es selbst ein romantischer junger Narr hin und wieder tat. Selbst jetzt wurde, soweit irgendjemand wusste, kein Versuch unternommen, Mrs. Arthur für die Stellung ihres Mannes in der Gesellschaft zu qualifizieren. Sie hatten sich in Rose Villas niedergelassen, angeblich, um in der Nähe ihrer Mutter zu sein – mit der sie angeblich die Hälfte ihrer Zeit verbrachte; und keine vernünftige Gouvernante oder Herrin, die in der Lage war, ihr die Fähigkeiten beizubringen, die ihr gefehlt haben mussten, wurde jemals gesehen, wie sie ihre Tore betrat. Sie versucht nicht einmal, ihren Verstand zu verbessern! Als Gegenleistung für ein ungewöhnlich großzügiges Abonnement durfte sie sich die Romane aussuchen, die in Mudies Schachtel in die örtliche Bibliothek kamen; aber was könnten Romane für sie tun? Unter diesen Umständen wurde es zu einer doppelt schwierigen Frage, was zu tun war. Als sie nach Hause kam, war sie zunächst sehr gut gekleidet, was einen guten Eindruck auf sie gemacht hatte. Ihre dunkelblaue „Seide" hatte den Grünen mit Bewunderung und Neid erfüllt. „Paris, natürlich!" sagten die Damen, die trotz ihrer Missbilligung einer solchen Ehe in der Tat sehr neugierig auf die Braut waren; und einige fügten einen Witz oder einen Seufzer über die Idee hinzu, zarte Kleidungsstücke aus Paris nicht an diejenigen wie sie selbst zu hängen, die sie schätzen könnten, sondern an Nancy Bates! Diese Mischung aus Zustimmung und Verachtung fand jedoch bald ein Ende, denn es dauerte nicht lange, bis die dunkelblaue Seide zugunsten auffälligerer Kleidungsstücke beiseite geworfen wurde. „Wenn das alles ist, was sie in Paris tun können!" hatte Sarah Jane beim Anblick gesagt, und sie hatte einige Zeit bei einer Hutmacherin in der Stadt verbracht und sollte es wissen. Ihre eigene Familie fand Nancys Kleider altmodisch und für eine Braut lächerlich ruhig; und die ursprüngliche „Seide", die ihre Eltern ihr gegeben hatten, war zusammen mit anderen ähnlicher Art wieder an die Front gebracht worden.

„Ich habe mich altmodisch gemacht, um Arthur zu gefallen. Es gefällt ihm", sagte Nancy; „Aber man kann doch nicht ewig mit seinem Mann Spaß haben, oder, Mama? Früher oder später muss man selbst nachdenken, und die Damen wissen sicherlich am besten über ihre eigene Kleidung Bescheid."

Arthur hatte nicht versucht, etwas einzuwenden, was hatte das für einen Sinn? Und Nancy war mit einer leuchtenden Farbe und einer Vielfalt an Ornamenten wieder aufgetaucht, was ihrer Familie viel besser gefiel.

„Jetzt sehen Sie ein bisschen aus wie eine frischverheiratete Dame, mit einem Ehemann, der Ihnen nichts gönnt", sagte Mrs. Bates stolz an dem Tag, als der Grüne bei Mrs. Arthurs neuem Kostüm schauderte und zumindest jetzt einen klaren Entschluss fasste , dass niemand einen Anruf erwarten konnte. Aber solche Vorsätze überwanden nicht immer die stärkeren Beweggründe der Neugier oder jenes Mitleids und Interesses, das manche Herzen bewegte. Mrs. Eagles war die Erste, die die Reserve durchbrach. Ihr Mann habe darauf bestanden, sagte sie. Und sie rief nicht nur an, sondern lud „die Arthur

Curtises" zum Abendessen ein. Mrs. Eagles war eine sanfte kleine Frau mit einer ebenso sanften Stimme, wie ihr Mann gebieterisch war. Sie gab offen zu, dass sie Arthur „sehr gern" gehabt hatte, als er in ihrem Haus lebte. „Er war so nett, er würde nie Ärger machen, wenn er helfen könnte, so anders als Ihr *Parvenus* ; Er war immer so bereit, alles für dich zu tun. Ja, ich mochte ihn sehr. Die Schüler sind in der Regel nicht attraktiv, aber der junge Mr. Curtis war charmant." Dies sagte sie zu ihren Nachbarn, als bekannt wurde, dass sie die Braut zum Abendessen eingeladen hatte, das Kühnste, was seit vielen Tagen auf dem Green getan wurde.

„Ich hoffe, Sie fanden *sie* auch charmant", sagte die Frau des Pfarrers, die nicht geneigt war, ihre Würde auf diese Weise zu gefährden. Mrs. Eagles nahm sich etwas Zeit, um die Frage zu beantworten, und räusperte sich.

„Sie ist – ziemlich ungeformt – ich frage mich fast, dass der Umgang mit einem wohlerzogenen Mann so wenig Einfluss auf ihre Manieren gehabt haben sollte. Aber andererseits ist sie natürlich – sie hat keine Affektiertheiten; „Das ist immer etwas", sagte Mrs. Eagles, was bei der Frau des Pfarrers nicht der Fall war. Sie bat jedoch nicht das würdevolle Paar aus dem Pfarrhaus, sondern nur einen bescheideneren frischvermählten Pfarrer, das junge Paar kennenzulernen, das seinerseits durch die Einladung in große Aufregung geriet. Es ist zweifelhaft, wie Nancy das aus eigenem Antrieb hätte tun können. Aber die Freude an ihrer Familie hatte alle Gedanken aus ihrem Kopf verdrängt, außer jenen an einen herrlichen Aufstieg in die Welt und den Eintritt in die Gesellschaft.

„Das ist nur ein Schulmeister, das stimmt", sagte Mrs. Bates; „Nicht besser, in der Tat nicht so gut wie wir selbst, denn ich bin nie so weit gekommen, dass ich Untermieter aufnehmen musste, um mich in die Familie einzumischen. Ich konnte immer für uns bleiben, und natürlich sind die Schüler alle gleich Untermieter; Aber trotzdem wirst du dort den echten Adel treffen, mein Liebling, und es wird ein Anfang sein, und du brauchst dich vor Leuten wie ihnen nicht zu scheuen." So ermutigt, erlaubte Nancy sich, das Gefühl zu haben, dass es angenehm sei, auf eine Party zu gehen. Denn auch sie hatte die Ablenkungsszene vielleicht ein wenig satt, obwohl sie durch ihre Familie und ihren Haushalt abgelenkt wurde.

Sie waren jedoch alle sehr empört, als Arthur ihr vorschlug, bei diesem ersten Auftritt ein schlichtes weißes Kleid zu tragen. Weiß, wie ein unverheiratetes Mädchen! und als ob es ihrem Mann nicht gut genug ginge, um ihr eine „Seide" zu leisten! Schließlich erschien Nancy mit großer Eile und aller Anstrengung, es rechtzeitig fertig zu machen, in Hellblau, was zwar ausreichend war, wenn auch in den letzten Feinheiten, die den Unterschied zwischen einem selbstgemachten und einem fertigen Kleidungsstück ausmachen, eher unvollständig war stammen aus den Händen der

Eingeweihten. Und Arthur lachte über sich selbst, nicht ohne ein wenig Bitterkeit, als er seine einfache Toilette machte. Er freute sich, von seinem ehemaligen „Trainer" zum Abendessen eingeladen zu werden. Es erregte ihn ein wenig, teils mit Vergnügen, teils mit Angst. Zum ersten Mal seit all diesen Monaten ging es darum, „die flüchtigen Blicke auf den Mond erneut zu betrachten". denn der langsame Winter hatte sich wieder in den März hineingeschlichen, und die ganze Welt erwachte zum Leben. Die Art von Weihnachten zu beschreiben, die dieser arme junge Kerl verbracht hatte, wäre für gewöhnliche Kräfte zu weit gegangen – er war von allem, was ihm gehörte, verbannt und in die enge, zu enge Begegnung mit allen Fröhlichkeiten einer so anderen Sphäre getrieben. Er hatte sie ertragen und sie auf Distanz gehalten, so weit er konnte, und Gott sei Dank waren sie vorbei. Aber die Ungeduld in seinem Herzen wurde stärker, je länger die Tage wurden und die Welt sich dem Frühling näherte. Er freute sich so sehr über die Einladung von Herrn Eagles, als wäre der „Trainer" Premierminister gewesen, der allerlei Vorteile zu bieten hatte. Hätte dieser ungestüme kleine Mann bei allen Prüfungen der Welt für alle seine Schüler den ersten Platz erreicht, hätte er sich nicht in die gleiche Lage bringen können wie der Sohn eines so ländlichen Magnaten wie Sir John Curtis; Aber Arthur war über seine Aufmerksamkeit und die Aufmerksamkeit seiner Frau so froh, als ob die Stufe der Familie Bates seine eigene ursprüngliche Stufe gewesen wäre. Dennoch war es schwierig, Nancy auch nur in diese milde, kleine schulische Welt einzuführen. Arthur hatte nicht das Gefühl, dass er es wagen könnte, ihr jene Hinweise auf die Manieren der gewöhnlichen Gesellschaft zu geben, die sie sicher durch die nicht schrecklichen Gefahren einer Dinnerparty hätten führen können. Er tat, was er konnte, indem er Vorschläge und Vermutungen machte, und ging davon aus, dass sie es wissen würde; Aber selbst diese einfache Art der Unterrichtsvermittlung erregte ihr Misstrauen. „Oh, du brauchst keine Angst zu haben, ich weiß, wie ich mich benehmen muss", sagte sie und warf den Kopf zurück. Woher wusste sie das – war es ihr Instinkt? Der Instinkt ist ein zweifelhafter Führer durch die Gebräuche der Gesellschaft; Aber Arthur wagte es jedenfalls nicht, mehr zu sagen. Als sie jedoch die Treppe herunterkam, bereit zum Aufbruch, ihr blaues Kleid ganz mit Orangenblüten geschmückt und hochgesteckt, blieb Arthur entschlossen stehen. Er sagte: „Du musst diese Dinger ausziehen, sie sind lächerlich", mit einer Bestimmtheit, der sie, so frech sie auch war, nicht widerstehen konnte. Arthur schien in diesem Moment kein Mensch zu sein, mit dem man leichtfertig umgehen sollte. „Willst du deine Schwester zum Gespött machen?" sagte der junge Mann und verwirrte sie alle; und die abscheulichen Dekorationen wurden mit einer geräuschlosen Geschwindigkeit abgenommen, die wunderbar war. Es war wunderbar, weil ich von dem geheimnisvollen Gefühl inspiriert war, einen Fehler gemacht zu haben. Sie hatten keine Ahnung, was der Fehler war; und ihr Stolz erlaubte ihnen nicht, um Aufklärung zu bitten; aber sie spürten es umso mehr aufgrund seines geheimnisvollen und unbekannten Charakters. Als Nancy fertig war und in den warmen weißen *Sortie du Bal gehüllt war*, den sie in Paris gekauft hatten, war die Wirkung dieses Fehlers ausreichend ausgelöscht; und das Herz des jungen Mannes schwoll ein wenig vor Stolz an, als er sie dem Mann vorstellte, der ihn wegen Nancy aus seinem Haus geschickt hatte. Dieser praktische Protest hatte nicht viel mehr Gutes gebracht als alle anderen Bemühungen, die unternommen worden waren, um Arthur von seiner Liebe zu trennen; und hier war sie nun, schön und blühend, eine unbestreitbare Tatsache, die sie alle anerkennen mussten. Aber als er ihr die Aufsicht über Mrs. Eagles überließ und zurückblieb, welche Sorge herrschte in Arthurs Gedanken! Es war ihr erster Aufsatz in der Gesellschaft; Würde sie sich die Mühe machen, es ihr recht zu machen? Er stand da und beobachtete sie verstohlen, während er mit dem Pfarrer sprach, dessen Frau ebenfalls vor Gericht stand, was ihn jedoch nicht so erschütterte. Die Frau des Pfarrers war eine kleine junge Dame von gewöhnlicher Erziehung und Erscheinung, die in keiner Hinsicht mit Nancy zu vergleichen war. Aber sie war als Tochter eines Geistlichen und nicht als Tochter eines Steuereintreibers geboren worden. Sie kannte die Außenseiten gesellschaftlicher Verhaltensweisen und wusste, wie man sich nicht festlegt, was Nancy jedoch nicht wusste.

Und man muss zugeben, dass Arthur, als er sah, dass nur dieser Pfarrer und seine Frau zu einem Treffen mit ihnen eingeladen worden waren, von einer Art wilder Wut und verächtlicher Demütigung erzürnt wurde. Er ließ seine Gefühle nicht erkennen; Aber er war es gewohnt, jemand zu sein, wohin er auch ging, und das Gefühl, dass er nun in eine zweifelhafte Lage geraten war, in der nur der Pfarrer ihn unterstützen konnte, gab ihm ein schärferes und schärferes Gefühl dafür, was ihm widerfahren war plötzlicher als alles andere, was passiert war, sogar als die Vertrautheiten der Familie Bates. Zu sagen, dass Nancy auch wütend war, wäre wenig. Ihre ganze Seele erhob sich in Flammen des Zorns. Sie hatte erwartet, alles Schöne und Berühmte auf dem Green zu sehen und in gewisser Weise die Huldigung der versammelten Aristokratie zu erhalten. In Underhayes lebte niemand mit einem Titel, und Nancy war der Ansicht, dass sie selbst alles andere als einen Titel hatte und entsprechend bewundert werden sollte; Dennoch war niemand hier außer der Frau des kleinen Pfarrers. Während des Abendessens unterhielt sie sich ausführlich mit Herrn Eagles und teilte ihm ihre Meinung über die Gesellschaft in England mit.

„Da ich an einem Ort wie diesem aufgewachsen bin, habe ich natürlich nur wenig gesehen; und hier gibt es nicht viel zu sagen", sagte sie mit einer Offenheit, die ihren Gastgeber beeindruckte – er selbst war stets so scharfsinnig und entschieden.

„Sie haben recht, sehr recht, Frau Curtis. Die Leute hier sind nicht besonders nennenswert. Wir müssen uns damit abfinden, denn wir können nicht besser werden. Rentner sind meist ein Ärgernis; Nachdem sie in ihrer eigenen Person so viel Unheil angerichtet haben, wie sie nur können, schimpfen sie jeden, der anfängt, und treiben sich Unheil in den Kopf."

„Ja, Dr. Eagles." Die einfachen Leute nannten ihn „Doktor", und das gefiel ihm nicht. "Ja; Es gab noch nie einen Ort, an dem so viel geklatscht wurde, habe ich viele Leute sagen hören. Sie haben selbst nichts zu tun und zerreißen alle. Ich habe mich noch nie darauf eingelassen, aber so etwas kann ich nicht ertragen. Sie sind so festgefahren; meinst du nicht, dass sie furchtbar verkrampft sind? und was macht sie besser als ihre Nachbarn? Glauben Sie nicht, Dr. Eagles? Ich hasse so etwas", sagte Nancy energisch. „Ich nehme an, du wolltest sie nicht bitten, Arthur und mich kennenzulernen?"

„Ich – ich frage niemanden", sagte Mr. Eagles, im Moment verblüfft. „Es ist meine Frau, die die Leute fragt." Dann begann er zu begreifen, dass es kein edles Vorgehen war, einer schwierigen Lage zu entkommen, indem man es seiner Frau auferlegte. „Tatsache ist, ich glaube nicht, dass jemand gefragt wurde. Wir dachten wohl, dass es Ihnen egal wäre. Ich selbst nicht; Ich hoffe, Curtis gibt seine Arbeit nicht ganz auf. Er könnte versucht sein, dies zu tun, da er kein unmittelbares Ziel hat, aber er sollte seinen Studiengang niemals unterbrechen. Er verstand sich sehr gut mit mir."

„Wofür sollte er sein Studium fortsetzen?" sagte Nancy; „Er braucht es nicht, um seinen Lebensunterhalt zu verdienen. Er kann sich selbst darüber freuen, was er tut. Oh, ich möchte nicht, dass mein Mann arbeiten muss! Wenn ein Mann als Gentleman geboren wird, Dr. Eagles –"

„Sie waren so gut, mir einen Abschluss zu verleihen, auf den ich kein Recht habe", sagte Mr. Eagles. „Ich bin ein einfacher Herr, wie alle anderen, obwohl ich für meinen Lebensunterhalt arbeiten muss und es mir von Nutzen wäre. Ein Mann wie Curtis sollte jedoch arbeiten, wenn er jung ist. Wenn er es jetzt nicht tut, wird er es später vermissen. Das habe ich ihm immer gesagt."

„Das glaube ich ganz sicher nicht", sagte Nancy. „Warum sollte er arbeiten? oder irgendjemand in der Position eines Gentlemans? Sie wissen, was ich mit einem Gentleman meine. Vater ist so gut wie Arthur oder irgendjemand sonst, und er muss arbeiten."

Das besänftigte Mr. Eagles.

„Ich hoffe, wir sind alle Gentlemen", sagte er so leichthin, wie es ihm möglich war, „ob wir arbeiten oder nicht."

„Oh ja, in gewisser Weise", sagte Nancy mit nachlässiger Verachtung, „in Ihren Manieren und so weiter. Und Geistliche und Lehrer und solche Leute werden aus Höflichkeit so genannt; aber ich glaube nie, dass irgendjemand ein Gentleman ist, der seinen Lebensunterhalt selbst verdienen muss."

„Ich glaube, Sie sind ein wenig hart zu uns, Mrs. Curtis", sagte der Pfarrer mit einem Lächeln.

„Oh, ich wollte nicht hart sein", sagte Nancy. „Du bist genauso gut wie alle anderen. Diejenigen, die genug zum Leben haben, sind am besten dran, aber ich sage nicht, dass ich diejenigen verachte, die arbeiten müssen. Sie sind auf ihre Art gut genug. Es ist nicht ihre Schuld, dass sie so geboren wurden, wie sie sind, und es war auch keine Tugend für meinen Mann, als Arthur Curtis geboren zu werden. Er konnte nichts dagegen tun, und Sie können es auch nicht."

So besiegte Nancy den Gegner am Esstisch. Als die Damen in den Salon zurückkehrten, was erst zu später Stunde geschah, denn es dauerte lange, bis Nancy Mrs. Eagles' kleine Nicken und Zeichen vom anderen Ende des Tisches verstand – aber als sie oben ankamen Schließlich mischte sich die Frau des Pfarrers wohlwollend ein, um Nancy nach diesem Fehler zu beruhigen.

„Ich vermute, Sie sind an die französische Art gewöhnt, dass die Männer zusammen mit den Damen nach oben kommen; Und es ist meiner Meinung nach ein weitaus besserer Plan."

Nancy sah den Fragesteller kühl an. Sie fühlte sich wohler, wenn Arthur sie nicht ansah und alles beobachtete, was sie sagte und tat.

„Ich habe keinen Fehler gemacht", sagte sie, „aber die Unterhaltung unter Herren ist doch das Beste, nicht wahr? Davon wollte ich so viel wie möglich haben. Ich wollte nicht der Frauengesellschaft überlassen werden – drei Unterröcke zusammen", und sie lachte mit unverschämter Bedeutung. Nancy hatte viele Romane gelesen und wusste, dass dies die Gefühle waren, die einer Heldin im Allgemeinen zugeschrieben werden, und sie war entschlossen, dass es in ihrem Kopf nichts geben sollte, was sie nicht sagen würde.

„Ich hoffe, wir werden Sie nicht so sehr ermüden", sagte Mrs. Eagles mit einem unwillkürlichen Blick auf den anderen. „Wir haben gehört, dass Sie in Paris waren, Mrs. Curtis. Das muss Ihnen gefallen haben. Es ist immer so hell und fröhlich."

„Ich dachte überhaupt nicht, dass es schwul ist", sagte Nancy, „ein sehr dummer Ort." Alle redeten so seltsam, überhaupt nicht wie das Französisch, das man in der Schule lernt; und sie haben so seltsame Gerichte, und insgesamt sind sie so seltsam. Waren Sie schon einmal in Paris? Ich fand es überhaupt nicht schwul."

„Es gibt so viel zu sehen", schlug Mrs. Eagles vor.

„Oh, was gibt es da für Dinge zu sehen! Orte, an denen Dinge passiert sind, von denen niemand etwas weiß oder die man vergessen hat, wenn man jemals davon gehört hat. Das nenne ich nicht amüsant", sagte Nancy. „Es gibt sehr schöne Geschäfte, aber ich habe mich nicht besonders für den französischen Geschmack interessiert, oder? Sie mögen so schmuddelige Farben; nichts, was sauber oder hell aussieht. Ich war so froh, nach England zurückzukehren."

„Das war ich auch", sagte die Frau des Pfarrers, „als wir im Ausland waren; aber ich fand das alles so interessant. Ich habe es genossen, als wir dort waren. Genau die Namen der Orte, von denen man in der Geschichte gelesen hatte!"

„Ich habe nie Geschichte gelesen", sagte Nancy nachlässig. „Ich mag es, wenn jetzt Dinge geschehen; Und nichts schien zu passieren, außer dass ich von altem, staubigem Müll hörte. Oh ja, die Straßen waren schön. Arthur sagt, dass es im Sommer Rennen und Vergnügungen und Konzerte im Freien und so weiter gibt, aber als wir dort waren, war es zu kalt. Ich ging, um den Männern im Parlament zuzuhören, aber es war langweilig; Welchen Nutzen hat es, sich lange Reden anzuhören? Einer von Arthurs Freunden nahm uns mit – Sir John Denham – Sie haben vielleicht von ihm gehört. Er bot uns immer Logen für das Theater an, aber auch das war langweilig."

„Ich fürchte, es war schwierig, Sie zufrieden zu stellen", sagte Mrs. Eagles; aber die Frau des Pfarrers begann mit einem gewissen Interesse zuzuhören. Es ist immer angenehm, vertraulich etwas über die Sir Johns dieser Welt zu hören.

„Ja, alle sagten, ich sei schwer zufriedenzustellen", sagte Nancy, sprang von dem Stuhl auf, den sie gerade gewählt hatte, und stieß dabei beinahe einen kleinen Tisch um, auf dem eine Lampe stand. „Haben Sie Ihre Möbel aus der Stadt geholt, Frau Eagles? Hatten Sie einen der besten Polsterer, der das machen ließ, oder haben Sie die Sachen günstig erstanden?"

„Ich fürchte, wir haben so viel wie möglich versucht, die Dinge billig zu bekommen", sagte Mrs. Eagles und unterdrückte die Neigung zum Lachen, die sie überkam. Die andere junge Frau hörte gespannt zu, da sie keinen Spaß darin sah, und ihre Animateurin meinte, dass ihr Mrs. Arthur am besten gefiel.

„Das dachte ich mir", sagte Nancy ruhig und richtete ihren Blick auf einen italienischen Schrank, der der Stolz des Hauses war, „aber ich sollte mein Haus einfach in die Hände eines erstklassigen Mannes geben." Ich mag es nicht, einen Teil aus Altem und einen Teil aus Neuem wieder gutzumachen.

Ich werde alles vom Besten und von der neuesten Mode haben", sagte sie und blickte sich mit einem entzückenden Glanz gefälliger Überlegenheit um. Aber sie war die Schwiegertochter von Sir John Curtis und Mrs. Eagles war nur die Frau eines Schulmeisters.

KAPITEL XIV.

" PARTY! Es war überhaupt keine Party!" sagte Nancy, „Ich habe Arthur gerade einen Teil meiner Meinung gesagt. Wenn er denkt, ich würde mir die Mühe machen, mir ein Kleid anfertigen zu lassen, und unter Leute gehen, die ich nicht kenne, um den Pfarrer und seine Frau zu treffen! Warum, wir sind genauso gut wie sie! oder besser gesagt, ich würde sagen, um einiges besser." Am nächsten Morgen saß sie am Feuer und war mit ihrer Unterhaltung keineswegs zufrieden. Jetzt war es tatsächlich die Zeit, in der sie es am meisten empfand – denn es war schön gewesen, daran zu denken, ihre Mutter und ihre Schwestern mit einem Bericht über die großen Damen des Green zu verblüffen; und es gab jetzt nichts zu kommentieren, außer der armen kleinen Mrs. Curate in ihrem Musselinkleid! Arthur befand sich im Raum dahinter, der durch Falttüren davon abgetrennt war; und sie sprach laut, damit er von ihren Bemerkungen profitieren könne.

„Der Pfarrer!" sagte Mrs. Bates, „Meine Liebe, es ist kein Kompliment, es ist eine Beleidigung, Sie zu fragen; als ob du nicht gut genug wärst, um die Besten zu treffen."

„Genau das habe ich gesagt. Ich sage Arthur, wenn er sich so für mich einsetzen würde, wie er es sollte, würde es niemand wagen, mich so zu behandeln. „Ich denke", sagte Nancy, „dass wir diesen Eagles ein großes Kompliment gemacht haben; und den Pfarrer kennenzulernen! als ob wir nicht gut genug wären, um mit den besten Leuten in diesem elenden kleinen Loch von einem Ort zusammenzusitzen."

„Der Pfarrer ist ein sehr netter junger Mann", sagte Sarah Jane. „Ich sollte ihn kein bisschen stören. *Ich* nenne ihn gutaussehend; aber dann ist er verheiratet", fügte sie mit geringerer Befriedigung hinzu. „Und wenn du verheiratet bist, läuft es auf dasselbe hinaus. Ich wage zu behaupten, dass sie dachten, da ihr beide junge Paare seid –"

„Ich wünschte, du würdest ein wenig nachdenken, was du sagst", sagte Nancy. "Mich! und sie! ein bisschen wie ein Mädchen in weißem Musselin! mit hundertfünfzig im Jahr, um draußen zu leben; und verpflichtet, hart unter den Armen zu arbeiten, so hart, als wäre sie auch Pfarrerin – und ich!"

„Ja, tatsächlich, es gibt keinen Vergleich", sagte Frau Bates. „Schade, Sarah Jane! Aber, Nancy, du darfst nicht vergessen, dass deine Schwester ihr Los ganz anders gewählt hat. John Raisins ist ein ausgezeichneter junger Mann; Aber er kann ihr nicht die Türen zum gehobenen Leben öffnen, so wie Arthur sie dir öffnen kann. Und es ist das Beste, dass sie sich für das entscheidet, was sie haben kann – und sich nicht nach dem sehnt, was sie nicht haben kann. Bei dir ist es ganz anders, mein liebes Kind."

„Ich weiß sicher nicht, ob es anders ist", sagte Nancy. „Er hat mir noch nicht viele Türen geöffnet, und ich denke, er würde deine Tür schließen, wenn er könnte, die die einzige ist, die noch übrig ist. Oh, warum heiraten Mädchen? Sie sind viel besser, wenn sie es sich nur vorstellen könnten, zu Hause." Und damit begann Nancy zu weinen.

Arthur hörte alles im Nebenzimmer. Er selbst hatte die Veränderung seiner Lage in der vergangenen Nacht schmerzlich gespürt; und Mr. Eagles' scharfe, wenn auch etwas traurige Beschwörungen an ihn, seine Zeit nicht zu verlieren, seine Arbeit fortzusetzen, etwas zu tun, hatten die Wirkung verstärkt. Er war früh genug nach oben gekommen, um zu hören, wie Nancy sich mit den beiden Damen unterhielt, und auch das hatte ihn tief berührt. Was ist schmerzhafter, als zu sehen, wie diejenigen, die wir lieben, der Außenwelt, die sie nicht kennt, in unseren Augen eine falsche Darstellung ihrer selbst geben? Arthur spürte dieses Kribbeln bis in die Fingerspitzen – eine schmerzhafte Schande; Ihre törichte Unhöflichkeit und das Unrecht, das sie sich selbst durch diese Falschdarstellung zufügte, hatten ihn unglücklich gemacht. Wenn sie sie nur so sehen könnten, wie er sie kannte – wie sie bei anderen Gelegenheiten war? Das, sagte er sich, war nicht Nancy; Es war ein dummer Angeber des Dorfes, der Typus der Bates-Familie, nicht seine Frau, die den Bates in Geschmack und Wahrnehmung ebenso weit überlegen war wie in Schönheit. Allerdings hatte ihr Geschmack in letzter Zeit nicht viel verraten. Aber das war der Einfluss der unbequemen Lage gewesen, in der sie sich gefühlt hatte, oder ihrer Verbindungen, zu denen sie so unglücklich darauf bestanden hatte, zurückzukehren. Der Schmerz, mit dem Arthur seine Braut bei diesem ersten Auftritt in der Gesellschaft beobachtete, war außerordentlich gewesen. Es brachte ihm die Gefühle zurück, die er versucht hatte zu vergessen, mit denen er nach dem gewaltsamen Abbruch ihres Interviews mit Mrs. Anthony Curtis gekommen war. Konnte er nichts tun oder sagen, was sie davon überzeugen könnte, dass dies nicht die Art war, Fremde zu treffen, die sich als Freunde herausstellen könnten? Er saß ziemlich unglücklich am Feuer und hatte ein oder zwei Bücher herausgeholt, die auf dem Tisch neben der „Times" lagen, der üblichen Beschäftigung seines ziellosen Morgens. Er hatte versucht zu „lesen", wie Mr. Eagles Lesen verstand; aber was bedeuteten ihm Demosthenes und Cicero? Er konnte jetzt nicht zurückgehen und sich ununterbrochen mit den Feinheiten der Sprache und Argumentation abmühen, die seine ganze Aufmerksamkeit erforderten, mit glücklicher Gelassenheit, nicht mit schmerzhafter Beschäftigung damit, wie er diese Studien in ihren früheren Stadien betrieben hatte. Er war nie ein harter Schüler gewesen, und warum sollte er jetzt lesen? Was würde es ihm nützen? Würde all die Lektüre der Welt oder sein Abschluss, wenn er ihn erlangt hatte, ihn in die Welt zurückbringen, in die seine Frau ihn nicht begleiten konnte und nicht versuchen würde, ihn zu begleiten, und in die er ohne sie nicht gehen konnte? Er hatte verträumt am Feuer gesessen und alles überlegt. Der vage Plan in seinem Kopf war gewesen, als Nancy etwas besser darauf vorbereitet war, sich etwas eher dazu bereit fühlte und bereit war, zu versuchen, das Experiment zum Erfolg zu führen, sie mit nach Hause zu nehmen und sie ihm vorzustellen Vater und Mutter, in der Hoffnung, dass die Überraschung und die Freude seiner eigenen Rückkehr sie willkommen heißen würden; Daran hatte er schon gedacht, als er formelle Briefe an Sir John und diese kurzen Notizen an Lucy oder seine Mutter geschrieben hatte, in denen es keinen Hinweis auf Nancy gab. Wenn er sie bis zu diesem Punkt führen konnte – wenn er das Gefühl hatte, dass sie die Prüfung ertragen konnte, dann sollte er gehen. Es war die ganze Zeit über seine Hoffnung gewesen, etwas, auf das er sich vage gefreut hatte, das sich jedoch nie auf einen bestimmten Zeitpunkt niederschlug. Aber leider! es war Punkt für Punkt vor ihm zurückgewichen. Nancy war nicht bereit, irgendetwas zu tun, um ihr zu gefallen. Sie war der Meinung, dass sie allein und ohne Anstrengung leicht über eine Untertanenwelt herrschen sollte. Sie hatte das Gefühl, nicht wie er an der schmerzhaften Schwelle eines unerforschten Landes voller Gefahren zu stehen, in dem alle Anstrengungen nötig waren, um einen Platz zu finden, sondern dass sie alles überwunden hatte, was ihr in den Weg gestellt werden konnte und erreichte jedes Ziel – mit Ausnahme der Hommage an jene „hochnäsigen" und unangenehmen Leute, die neidisch auf sie waren und ihr daher nicht die Aufmerksamkeit schenkten, auf die sie ein Recht hatte, und die Nancy zu irgendetwas verachten würde versöhnen. Was für ein Unterschied zwischen ihren Standpunkten! Und er, der der Stärkste hätte sein sollen, der unendlich gebildeter und vernünftiger war als Nancy, war nicht in der Lage, ihr eine andere Überzeugung zu vermitteln; obwohl es ihr gelang, die seinen durch allerlei Aufruhr aufzuregen, aus Scham darüber, dass sie ihre schlechteren Eigenschaften zeigen sollte, und sich die Missbilligung zu verdienen, die sie sich zuzog – und doch mit heißem Groll gegen diejenigen, die sie missbilligten. Solche Gefühle sind im menschlichen Busen nicht ungewöhnlich. Das empfinden Ehemänner für ihre Frauen, Ehefrauen für ihre Ehemänner und Eltern für ihre Kinder. Warum zeigen sie sich von ihrer schlimmsten Seite, um Fremde zum Lachen, Staunen oder Verachten zu bringen? Und wie können diese Fremden es gleichzeitig wagen, zu verachten, zu lachen oder sich zu wundern? Einen schmerzhafteren Gefühlskonflikt kann es nicht geben.

Das war es, was Arthur dachte, als er trübsinnig saß, nicht inmitten der Ruinen seines häuslichen Glücks, sondern vor dem sonnigen, alltäglichen, allzu schmuckvollen neuen und dürftigen Altar dieser launischen Gottheiten, die den Herd beherrschen. Er war noch kein halbes Jahr verheiratet, aber wie waren alle seine Hoffnungen dahingeflogen, und mit wie wenig Zuversicht blickte er in die Zukunft, die ihm einst so rosig vorgekommen war! Und als er da saß, seine Bücher auf den Ellbogen geworfen und die „Times" von sich auf den Tisch geschoben, empfand er eine Art Abscheu vor den beiden

Studien, die ihm nun, so dachte er, nichts nützen könnten Es wäre gut, wenn er zu ihnen zurückkehrte, und als er das öffentliche Leben, das einstmals sicher war und nun unmöglich und unerwünscht geworden schien, hörte, hörte er Mrs. Bates und Sarah Jane hereinkommen und das darauf folgende Gespräch. Selbst jetzt hatte Arthur genug Verstand (und das war ihm glaubwürdig), sich nicht auf eine vulgäre Beschimpfung seiner Schwiegermutter einzulassen. Der Frau ging es gut; Sie war gütig und fast wild in ihrer Unabhängigkeit, nahm nichts von ihm, gab Gastfreundschaft und empfing sie nicht und war in keiner Weise geneigt, seine Frau zu etwas zu ermutigen, das ihm unangenehm war. Schuld daran war nicht Mrs. Bates, sondern Nancy selbst – sie, die ihm unter all diesen gewöhnlichen Menschen wie eine Lilie der Anmut und Sanftmut vorgekommen war. Sie war so still, glaubte er; Sie war nicht wie sie, die in ihrem Umfeld natürlich waren und nichts Besseres vorschlugen. Trotz aller Unvollkommenheiten blieb er seinem ersten Ideal von ihr treu; doch ihre Worte gingen ihm durch und durch und hinterließen Narben in ihm wie von brennenden Pfeilen. „Er hatte ihr keine Türen geöffnet. Oh, warum haben Mädchen geheiratet!" fragte seine Frau das nach fünf Monaten Ehe mit ihm? Arthurs Adern schienen sich zu füllen, als ob eine Essenz des Schmerzes in sie gegossen worden wäre. Er stürzte herbei, überwältigt von tiefem Elend und Scham und einem leidenschaftlichen Groll, den er nicht zurückhalten konnte. Es dauerte nur einen Moment, bis er die Falttüren öffnete. Wäre noch eine Minute vergangen, hätte ich noch einmal darüber nachgedacht, aber es gab keine Zeitspanne, in der das möglich war. Er öffnete die Tür und blickte sie an, im Moment war er zu zitternd und aufgeregt, um etwas zu sagen. Sie hatte ihn vor den Frauen beschämt, die die einzigen Besucher waren, die ihr am Herzen lagen. Als sie ihn sah, sprang auch Nancy auf und stellte sich ihm entgegen.

"Also?" sagte sie laut, mit einer scharfen und zitternden Fragestimme. Was hatte er zu seiner Person zu sagen? Sie hatte nichts gesagt, was sie nicht bereit war zu ertragen, was sie nicht mit all ihren Kräften verteidigen würde. Niemand hatte jemals erlebt, dass Nancy zusammenzuckte. So hitzig und voreilig ihre Behauptungen auch gewesen waren, wie leichtfertig sie auch formuliert worden war, sie war immer für sie eingetreten; Und es war unwahrscheinlich, dass sie einer so spürbaren Herausforderung und einem solchen Trompetenruf zum Konflikt jetzt nachgeben würde.

Er stand da und sah sie einen Moment lang fast schwankend an. Es war nicht das erste Mal, dass sie solche Dinge sagte. Warum sollte es ihm so viel mehr übel nehmen als sonst?

„Meintest du das?" er sagte. „Glaubst du wirklich, dass ich Türen verschlossen, aber keine geöffnet habe, und dass Mädchen nicht heiraten würden, wenn sie wüssten …"

„Ich habe es gesagt, also muss ich es auch so gemeint haben“, rief Nancy mit einem Anflug von wütendem Rot. „Wenn Sie sitzen und zuhören, was Frauen sagen! Aber ich sage nie etwas, was ich nicht ertragen würde. Ja: Welche Tür hast du mir geöffnet, Arthur? Es waren zuerst die Worte meiner Mutter. Nicht die deines Vaters und deiner Mutter, an die man als Erstes dachte, noch die eines deiner Freunde; aber Mutters war immer offen für dich.“

„Oh, still, still!“ rief Frau Bates. „Oh, Kinder, ihr wisst nicht, was ihr tut. Warum sollte man sich streiten? Nancy, halte den Mund – es wird dir später noch leidtun, dass du jemals ein Wort gesagt hast.“

"Nicht ich!" rief Nancy. „Ich gehöre nicht zu denen, die Dinge unterdrücken. Ich werde es vor euch beiden deutlich sagen, und ihr könnt meine Zeugin sein, Mutter. Als ich Arthur zum ersten Mal kannte, hätte ich nie darüber nachgedacht, was er war. Ob Herr oder armer Mann, mir war alles egal. Er gefiel mir, und das war alles, woran ich dachte. Als dieser Mann kam, dieser Durant, begann ich zu erkennen, was ich auf mich zukam; aber es war zu spät, einen Rückzieher zu machen. Und ich sagte mir, ich würde ihn sehen lassen, dass es nicht sein Geld war, das ich wollte, und dass ich niemals mit einem seiner großen Freunde kootootieren würde. Und das habe ich nie getan“, rief sie mit wütender Energie, „und das werde ich auch nie tun. Du hast mir keine Türen geöffnet – und ich möchte auch nicht, dass du es tust; Aber du sollst nicht glauben, dass es eine großartige Sache für mich war, dich zu heiraten, weder für dich noch für jemanden, der zu dir gehört. Das ist nicht der Fall. Du würdest mich von meinem eigenen Volk trennen, wenn du könntest, und du gibst mir kein anderes; Und ich sage es noch einmal: Wenn Mädchen nur wüssten –“

"Frau. Bates“, sagte Arthur mit zitternden Lippen. „Ich glaube nicht, dass ich versucht habe, Ihre Tochter von Ihnen zu trennen. Ich kann mich soweit verteidigen; und ich hatte gehofft, dass sie irgendwann einmal mit mir gegangen wäre, um an die Tür zu klopfen, von der Sie mir vorwerfen, sie hätte sie nicht geöffnet. Aber was soll ich tun, wenn sie es nie tun wird, wie sie Ihnen sagt? Sie hat nie die geringste Neigung dazu gezeigt, das ist in der Tat die Wahrheit.“

„Sie hätten zu ihr kommen sollen – das ist ihre Meinung“, sagte Mrs. Bates, „und sie ist jähzornig. Du weißt, dass sie hitzig ist. Sie meint nicht die Hälfte von dem, was sie sagt. Oh, jetzt nicht, streitet nicht, Kinder!“ rief die Mutter. Bei dem *Handgemenge* dachte Sarah Jane, dass sie genauso gut mitmachen könnte.

„Ich wundere mich nicht, dass Nancy beleidigt war. Das brachte Miss Curtis dazu, mit ihrem „lieben Arthur“ und ihrem „lieben Bruder“ zu kommen und sich nicht mehr um uns zu kümmern, als wären wir Kohlköpfe; Aber was

Nancy betrifft, die nicht daran dachte, wer er war und dass es eine großartige Ehe war, oh, nicht wahr? Sagen Sie das vielleicht denen, die es glauben wollen, mir sollten Sie es besser nicht sagen.“

„Du böses, boshaftes, Geschichten erzählendes, unangenehmes Ding!“ rief Nancy wütend und drehte sich zu ihrer Schwester um, die ihr ins Gesicht lachte und vor Angst, die halb echt, halb gespielt war, auf die andere Seite des runden Tisches rannte. Arthur stand fassungslos da, während diese spielerische Episode, die seinen Gefühlen so sehr widersprach, weiterging. Für Nancy war es auch unpassend. Kein Lächeln erschien auf ihrem Gesicht. „Ich dachte bitte, es wäre eine großartige Ehe, die ich geschlossen habe“, sagte sie, nachdem auch sie mit dem Gefühl einer Krise innegehalten hatte und auf die vorgetäuschte Sportlichkeit ihrer Schwester starrte. Kein Lächeln entspannte die Lippen eines der konkurrierenden Paare. „Das dachte ich mir, das darfst du sagen. Ich dachte, ich sollte eine Dame sein und mich unter die Besten des Landes mischen; Was ist daraus geworden? Habe ich jemals einen Fuß zu den Leuten gesetzt, zu denen Sie gehören, oder zu ihresgleichen? Nein, ich habe die Wahrheit gesagt, mir stand keine Tür offen — andersherum! Wenn du könntest, würdest du Mutters Tür vor mir verschließen, du würdest mich von meinen eigenen Verwandten fernhalten – den einzigen Freunden, die ich habe. Aber du wirst es niemals tun, Arthur, du kannst es genauso gut sofort aufgeben. Ich bleibe bei denen, die gut zu mir sind, und ich werde keinen Schritt machen, um dein Volk zu umwerben oder um Gunst zu bitten – nein, nicht, wenn du mich auf Knien fragen würdest. Ich habe meiner Dame geschrieben, weil ich es versprochen hatte, aber meine Dame wollte nicht viel aus meinem Brief machen; und nie werde ich mich wieder so billig machen, niemals, wenn ich Hunderte von Jahren leben sollte.“

„Nancy, Nancy, mein Kind!“ rief ihre Mutter, „du darfst keine voreiligen Gelübde ablegen. Sie wissen nicht, was Sie tun werden, bis die Zeit gekommen ist. Sie ist hitzig. Das ist alles. Und wenn Arthur sagen würde, dass es ihm leid tut –“

„Was soll ich sagen, was mir leid tut, Mrs. Bates?“

„Oh, das ist ja schade. Siehst du nicht, dass es ihr gefallen wird? Sie war immer etwas unvernünftig und aufbrausend. Du kannst deinem Temperament nicht widerstehen, es ist eine Sache, die dir angeboren ist. Sagen Sie, dass es Ihnen leid tut, und beruhigen Sie sie ein wenig, dann wird sie bald vorbeikommen und Ihnen alles versprechen, was Sie wollen. Ich kenne meine Nancy. Sie ist hitzköpfig und widersprüchlich, aber ihr Herz ist am rechten Fleck“, sagte die Mutter. Mrs. Bates fürchtete sich vor der Kontraktion in Arthurs Gesicht.

„Es gibt nichts, was mir leid tun könnte“, sagte er. „Ich habe niemandem Vorwürfe gemacht; Aber ich kann nicht immer nachgeben. Ich bin hierher gekommen, um ihr zu gefallen, und sie ist nicht zufrieden. Lass uns gehen. Lassen Sie sich von Nancy bei meinem Versuch unterstützen, wieder in ein natürliches Leben zurückzukehren. Es ist nicht natürlich, dass ich hier eingesperrt bin, nichts tue und meine Zeit verschwende. Irgendwie muss ich da raus. Entweder gehst du mit mir, Nancy, oder ich muss alleine gehen. So kann ich nicht mehr weitermachen.“

„Dann solltest du es nicht tun!“ sie schrie mit doppelter Hitze. „Geh für mich – wohin du willst. Oh ja, geh zurück zu deiner Familie, die dir so am Herzen liegt. Du und deine Freunde verachten mich, sogar ein bisschen wie die Frau eines Schulmeisters! Halte mich nicht fest, halte mich nicht zurück, Mama. Ich werde nicht zurückgelassen werden, was auch immer passiert; Ich bin es, der gehen wird, und er kann tun, was er will. Sag ich es dir nicht! Niemand soll mich festhalten, niemand soll mich gegen meinen Willen an einem Ort festhalten statt an einem anderen. Aber ich werde nicht bleiben, um verlassen zu werden. Oh, denk es nicht, Arthur! Ich bin es, der gehen wird.“

„Ich habe nichts davon gesagt, dich im Stich zu lassen“, sagte er; aber er war von solchen Kämpfen erschöpft und forderte sie nicht auf, zu bleiben. Das entschied Nancy. Sie stürzte ungestüm aus dem Zimmer und ließ sie alle einander anstarren, ohne ein Wort der Erklärung zu sagen. Mrs. Bates, deren Gesicht etwas ausdruckslos war, rief Sarah Jane zu, sie solle ihrer Schwester folgen, und wandte sich selbst an Arthur mit dem Versuch eines Lächelns.

„Jetzt ist es bald vorbei“, sagte sie. „Du darfst nicht hart zu ihr sein, Arthur. Soweit wir wissen, arbeitet möglicherweise etwas mit ihr zusammen, dem sie nicht widerstehen kann. Junge Frauen haben seltsame Verhaltensweisen, und man kann erst im Nachhinein herausfinden, was die Ursache dafür ist. Macht es dir nichts aus? Geh zurück zu deinen Büchern, mein Lieber, und nimm dir keine Notiz davon. Sie wird gut schreien und zu sich kommen, und das darf Ihnen nichts ausmachen.“

Es war nicht diese Ansprache, die ihn beruhigte; aber was konnte er tun? Die Position war so unmöglich, dass er sich gerne zurückzog. Es war schlimmer denn je, jetzt, da eine dieser Auseinandersetzungen vor Zeugen stattgefunden hatte; Er ging traurig zu seinem Feuer zurück und setzte sich wieder, wobei er sich selbst die Schuld an der Verzweiflung gab, die ihn zum Sprechen gebracht hatte. Wahrscheinlich hatte Mrs. Bates recht, und alles war vorbei. Vielleicht kam sie die Treppe hinunter und sah aus, als wäre nichts passiert, oder sie kam reuig herab, wie sie es manchmal tat; und das überwältigte ihn sofort. Aber er wollte trotzdem nicht darauf bestehen, die Auseinandersetzung fortzusetzen, er war zu froh, dass sie vorbei war. Er setzte sich seufzend und zog traurig den Demosthenes zu sich, der auf dem

Tisch lag. Wie unwichtig war all diese tote Beredsamkeit neben lebendiger Leidenschaft! Der kleinliche Aufruhr häuslicher Zwistigkeiten war zu nah, als dass er den Klang der alten Disputationen, den Strom und die Flut der alten Beredsamkeit hören konnte. Nancys Stimme klang in all der Wärme der Leidenschaft klarer im Ohr als die der größten Redner. Er saß mit gespannten Nerven da und versuchte vergeblich, eine kleine Belehrung durch seine Augen zu bekommen. Diese Augen lasen leicht, obwohl sie von der Anstrengung, der sie ausgesetzt waren, heiß waren, aber der Geist empfing keinen Eindruck. In seinen Ohren war es geschäftiger, zuzuhören, was vor sich ging. Er hörte das hastige Geräusch von Nancys Schritten oben; Dann hörte er sie herunterkommen, und in der kleinen Halle waren Stimmen zu hören, verwirrt und gedämpft, eine Stimme vermischte sich mit der anderen; und dann hörte man, wie sich die Flurtür schloss. Danach saß er mit einem seltsamen Gefühl da, als ob das Geräusch der Tür ihn in allen Gliedern erschüttert hätte. Er schien nicht in der Lage zu sein, sich zu bewegen, um zu sehen, was es war. Aber die Stille, die sich über das kleine Haus legte, war bedrohlich. Anstelle der aufgeregten Stimmen, die vor einiger Zeit noch zu hören waren und den Raum mit Streit erfüllten, herrschte jetzt eine seltsame, tödliche Stille! Arthur war müde. So viele Wechselfälle der Gefühle hatte er in seinem gesamten früheren Leben nicht erlebt wie in den vergangenen fünf Monaten. Glück, Freude, Enttäuschung, Ärger, gereizte Nerven, verletzte Zuneigung, gedemütigter Stolz und diese Kombination aus leidenschaftlicher Liebe und nüchterner Vision, die von allen Dingen auf der Welt am schwersten zu ertragen ist. Wie anders, wie anders als seine Erwartungen! Wie glimpflich der Streit zwischen den Liebenden verlaufen war, erloschen in Tränen und Lächeln, in gegenseitigen Geständnissen und in wärmerer Zärtlichkeit. „Dass man sich von treuen Freunden trennt und sich erneuert, hat etwas mit Liebe zu tun." Aber dann durfte das nicht zu weit gehen und nicht zu lange andauern, und der Schauder heißer Scham, den sie so oft über ihn gebracht hatte, die immer vorhandene Unsicherheit darüber, wie sie sich befreien würde, die leidenschaftliche Demütigung, mit der er es getan hatte Das Lächeln anderer Leute zu sehen oder die Kommentare anderer Leute zu hören, all das war ganz anders als der Streit zwischen Liebenden. Er hielt seinen Demosthenes fest in der Hand und versuchte zu lesen. Wie weit war es noch entfernt! und der andere so nah; Und von all den Dingen, die das Ohr eines Menschen beschäftigen können, was ist so fesselnd wie die tote Stille der Leere nach einem Kampf, der alles bedroht hat und mit – was geendet hat? Nichts, Stille, Leere, wahrscheinlich ohne jegliche Konsequenzen.

Nancy kam zur Mittagszeit nicht herein. Er wartete auf sie und lehnte die Erfrischung ab, bis klar war, dass sie nicht zurückkommen wollte. Dann trank er hastig ein Glas Wein und bereitete sich darauf vor, hinauszugehen – nicht, um sie zu suchen. Er war entschlossen, sie dieses Mal zumindest in

Ruhe zu lassen und ihr das zu überlassen, was ihr am besten gefiel. Er war gerade in den Flur gegangen, um seinen Hut zu holen, als jemand an die Tür kam. Wie sein Herz hüpfte! und wie schlimm es wieder wurde, als sich herausstellte, dass es nur Mr. Eagles war, der gekommen war, um eine ernsthafte Einwendung zu machen.

„Sie sollten Ihre Zeit nicht verlieren", sagte der „Trainer" und zog die Brauen hoch. „Wenn du nichts besser machen kannst, solltest du zu mir zurückkommen. Das alte Team arbeitet immer noch hart und es gibt zwei oder drei neue Männer, die sich einen Namen machen werden. Es kann hier nicht lebhaft sein, nichts tun. Du hast nichts zu tun, nicht einmal Angeln oder Fußball, oder? Ich habe nie gehört, dass du Fußball spielst. Was machst du?"

„Nichts", sagte Arthur; „Und ich kann nicht sagen, dass es mir gefällt; aber was ist das Gute? Ich bin zu alt für Fußball und so etwas."

„Ah, vierundzwanzig, das ist ein tolles Alter; aber ich weiß, was du meinst. Verheiratet! Da ist das Problem: Fühlen Sie sich zu großartig dafür. Aber schau mal, Curtis. Ein Mann kann nicht leben, wenn er nichts zu tun hat."

„Für mich ist es ein Wunder, wie lange ein Mann leben kann, ohne etwas zu tun zu haben", sagte Arthur. „Aber wie gesagt, was ist das Gute? Ich bin jetzt zu alt, um mich um meinen Abschluss zu kümmern. Was spielt es für eine Rolle, so oder so? Ich habe dieses Stadium überschritten."

"Wieder verheiratet!" sagte Herr Eagles; „Das ist es, was mich in den Wahnsinn treibt – nicht die Tatsache, die harmlos genug ist; aber Herr, wie großartig ihr euch alle haltet! Allerdings ist es nicht von Dauer. Du kannst dich nicht dein ganzes Leben lang von Erdbeeren und Sahne ernähren, mein Lieber. Du musst dich an etwas klammern, sonst wirst du ein Niemand sein. Ich möchte nicht, dass jemand, der durch meine Hände gegangen ist, ein Niemand ist. Du solltest besser lesen, Curtis, du solltest besser lesen."

„Ja", sagte Arthur vage.

Er war durchaus bereit, sich zu allem zu verpflichten, solange Mr. Eagles nur wegging und ihn überließ, um zuzuhören und dafür zu sorgen, dass jemand kam, oder sich in die Luft zu begeben und seinen Geist vom Zuhören abzulenken. Das eine oder andere, so hatte er das Gefühl, musste er tun.

„Am besten kommen Sie zu mir zurück", sagte Mr. Eagles; „Wenigstens wirst du deine Zeit nicht völlig verlieren, und es wird dir eine Erleichterung sein. Zu viele Süßigkeiten werden dich belasten; Nehmen Sie sie in Maßen und sie sind entzückend genug. Kommen Sie, Curtis, ich mache Ihnen ein Angebot, ich brauche nicht zu sagen, denn Sie wissen, dass ich nicht auf die Suche nach

Schülern gehen muss; aber, mein Guter, um Ihrer selbst willen sollten Sie besser zurückkommen.

„Ja", sagte Arthur mit einer plötzlichen Leichtigkeit und Leichtigkeit, die sich über ihn ausbreitete. Es gab ein weiteres Geräusch an der Tür; und dieses Mal musste es zweifellos Nancy sein. Diese Erleichterung ermöglichte es ihm, zuzuhören. Sein Gesichtsausdruck hellte sich auf. Er hatte nicht wirklich gewusst, was seine Ängste waren, aber er spürte die vage Größe dieser Ängste in diesem Gefühl unmittelbarer Erleichterung und Erleichterung.

Aber das ganze Blut schoss ihm erneut in den Kopf, und das Pulsieren begann in seiner Stirn zu pochen, als sich die Tür öffnete und nicht Nancy erschien, sondern das Dienstmädchen, das sich in der unerwarteten und angesichts der Umstände alarmierenden Gestalt von Durant zeigte.

Kapitel XV.

„ Zu Hause stimmt etwas nicht!"

Diese natürlichste aller Ideen, mit denen die ahnungsvolle menschliche Natur eine plötzliche Ankunft erwartet, kam Arthur fast wider seinen Willen über die Lippen. Er war bereits so von Angst und Besorgnis zerrissen, dass es völlig angemessen erschien, dass andere Sorgen ihn ablenkten, und er verstand kaum das eifrige „Nein", mit dem Durant antwortete. Erst als sie zusammen saßen, einer auf jeder Seite des Feuers – Mr. Nachdem Eagles sich verabschiedet hatte, erkannte Arthur, dass die brennende Verwirrung und der Schmerz in seinem Kopf von der Tatsache herrührten, dass seine Frau vor ein paar Stunden in einem Anfall von Leidenschaft ausgegangen war und noch nicht zurückgekommen war, was keine so ernste Angelegenheit war – und war nicht wegen irgendjemandem, der plötzlich von einem Unglück zu Hause hörte.

„Nein, es ist alles in Ordnung, aber ich habe dir etwas zu sagen, Arthur", sagte Durant. Und er begann einen langen Auftrag, den Arthur vage hörte und nicht verstand. Demzufolge stand ihm der Posten eines Attachés an einer ausländischen Botschaft, den sich der junge Mann gewünscht hatte, offen, und dies war verbunden mit Annäherungsversuchen seitens der Eltern, deren Herzen sich nach Arthur sehnten. Wahrscheinlich ist nichts so gut geeignet wie langes Schweigen, die Empörung und den Groll von Vätern und Müttern zu zermürben. So heiß diese zunächst auch sein mögen, das blanke Elend, nichts über ein geliebtes Kind zu wissen, dämpft und löscht die Glut der Beleidigung, und in sehr vielen Fällen hat der grausame Sohn oder die grausame Tochter ihren Willen aus der schieren Unerträglichkeit heraus Bruch und Angst der zarten Herzen, auf die sich diese gefühllose Passivität härter auswirkt als jede aktiver beleidigende Behandlung. Das hatte all die Monate bei Oakley funktioniert. Nichts hören! Es war fast schlimmer als der Tod, und diese traurige Gewissheit, dass wir von denen, die wir verloren haben, nichts mehr hören werden, ist die größte Bitterkeit – allerdings gemildert durch die ausgleichende Gewissheit, die uns allein fähig macht, es zu ertragen, wie es menschliche Ereignisse sind ihnen übergeben wird und dass keines der Unglücke, mit denen wir vertraut sind, denjenigen widerfahren kann, die sich jenseits des Schleiers befinden. Aber die Curtises wussten, dass Arthur alles und jedes zustoßen könnte, obwohl sie keine Nachricht von ihm hatten und über all seine Verhaltensweisen so wenig wussten, als ob er tot wäre. Und als die Nachricht von der Stelle kam, die er sich so sehr gewünscht hatte, ließ er sich dieser Gelegenheit nicht entziehen. Vierundzwanzig Stunden lang hatten sie einander nichts davon gesagt und dann das allgemeine Gefühl zum Ausdruck gebracht. Lass ihn das akzeptieren und lass ihn nach Hause kommen und seine Frau mitbringen, wenn es nicht besser wäre. Sie war unverschämt gewesen, was spielte das für eine Rolle? Sie war der Preis, der für Arthur gezahlt werden musste; Und als es möglich wurde, Arthur zu bekommen, hatten sie alle das Gefühl, dass sie zu bereit waren, jeden Preis zu zahlen. Lady Curtis hatte nach Durant telegrafiert, als die allgemeine Überzeugung zum Vorschein kam, und der Haushalt in Oakley war jetzt voller Aufregung, begann bereits damit, Zimmer für Arthur und seine Frau herzurichten, und vergaß in der Freude, ihren Jungen wiederzusehen, alle anderen Gefühle. Durant hatte keine Zeit verloren. Er war ein zu treuer Freund, um zu bedenken, dass Arthur seine freundschaftlichen Ämter nach der Heirat fast zurückgewiesen hatte und dass ihn den ganzen Winter über kein Wort der Erinnerung von Underhayes erreicht hatte. Er ging sofort nach Oakley, um seinen Auftrag entgegenzunehmen, und hier war er mit allen Berechtigungsnachweisen. Der Vater und die Mutter stellten keine Bedingungen. Wenn Arthur diesen Termin annahm, was das Beste war, was er tun konnte, ließ er nach Hause kommen und seine Frau mitbringen. Das war alles. Und man kann annehmen, dass Durant, der sich als Überbringer großzügiger und zärtlicher Vorschläge fühlte, erschrocken und beleidigt war über die verwirrte und gedankenverlorene Art, in der Arthur zuzuhören schien, ihn nicht verstand, bei jedem Geräusch draußen zusammenzuckte und ständig verstört war , und mit einem Ausdruck nervöser Erregung, der offensichtlich nichts mit der vorliegenden Frage zu tun hatte.

"Verstehst du mich nicht?" schrie er schließlich empört: und dann brach die wachsende Aufregung in Arthurs Geist hervor.

„Durant, meine Frau ist zu ihrer Mutter gegangen. Ich – ich kann nicht auf einmal antworten.“

„Was meinst du, Arthur? Wie verstört siehst du aus! Ist etwas passiert?“ rief Durant. Arthur bemühte sich, sich zu erholen. Er lachte zitternd.

„Du kennst mich, Lewis“, sagte er, „ich bin ein – nervöser Kerl, auch wenn ich vielleicht nicht so aussehe.“

"Ich weiß. Da *ist* etwas nicht in Ordnung, Arthur. Was ist es? Ist Ihre Frau krank? Was ist passiert?"

„Nun – es ist nichts passiert. Ich habe ein eher einsames Leben geführt, und man wird reizbar – und schnell verärgert.“

„Sie hatten einen – schwierigen, wie die Amerikaner es nennen – Liebesstreit“, sagte Durant mit einem Lachen, das alles andere als seinen Gefühlen entsprach.

„Genau das ist es. Nein, kein Liebesstreit, sondern eine Schwierigkeit. Wir sehen die Dinge aus verschiedenen Blickwinkeln; und ich weiß nicht, wie ihr das gefallen wird, ich muss warten. Ich kann mich nicht entscheiden, bis ich es weiß."

„Arthur, es ist alles sehr gut und in Ordnung, deine Frau zu konsultieren; Aber Sie können sich nicht vorstellen, eine solche Gelegenheit zu vernachlässigen. Es ist völlig bedingungslos. Sie werden sie empfangen, als wäre sie die Tochter eines Herzogs; Wissen Sie, wenn sie sich erst einmal dazu entschlossen haben, wird es kein Sparen mehr geben, sie wird keinen Grund haben, sich über ihren Empfang zu beschweren."

Arthurs Kopf war zur Tür gedreht.

„Du wirst mich für albern halten", sagte er; „Ein Narr! aber ich kann nicht helfen. Eines werde ich Ihnen sagen, Durant; Ich werde nach Wien gehen. Ich glaube nicht, dass es zu spät ist; Fünf Monate sind in meinem Alter nicht lang genug, um einen Mann komplett rauszuwerfen, oder? Aber was Nancy betrifft, kann ich nicht antworten. Ob sie mit mir nach Hause geht, ob sie mit mir nach Wien geht, kann ich dir nicht sagen. Wir müssen sie zuerst sehen. Sie ist bei ihrer Mutter –"

„Du willst nicht sagen, dass sie dich verlassen hat, Arthur?"

„Oh nein, nein", sagte er; „Das ist ziemlich absurd, die lächerlichste Idee. Komm mit, Durant, lass uns rausgehen und uns die Beine vertreten. Einen richtigen Spaziergang hatte ich schon seit Ewigkeiten nicht mehr. Da es Samstag ist, bleiben Sie natürlich bis Montag? Das ist richtig, das ist ein wahres Vergnügen. Sie ist bei – ihrer Mutter", fügte er hinzu, wechselte abrupt das Thema und senkte die Stimme.

Was sollte das heißen? Durant konnte es nicht sagen. Er hatte Nancy nicht gemocht; Obwohl sie sich auch ihm widersetzt hatte, geschah dies auf eine Weise, die den jungen Mann nicht beleidigte. Er hatte sie bewundert, selbst als sie sich selbst persönlich angriff; und er neigte dazu, wie Arthur zu denken, dass sie eine Lilie unter diesem Unkraut sei. Die Verliebtheit seines Freundes hatte ihn nicht überrascht. Er hatte sie für ein wunderschönes, temperamentvolles Mädchen gehalten, voller großzügiger, wenn auch übervehementer Verachtung für das konventionelle Urteil, das sie als ungeeignete Ehefrau für einen Mann erscheinen ließ, dessen weltliche Stellung höher war als sie. Ihre Drohung, ihren Geliebten aufzugeben, und ihre Gegenentscheidung, ihn enterbt zu heiraten, um seinen Freunden zu zeigen, wie wenig ihr sein Geld am Herzen lag, waren ihm noch frisch im Gedächtnis. Und er hatte Nancy gemocht; Obwohl er als Agent von Lady Curtis offiziell auf der anderen Seite gestanden hatte, war er nie wirklich unfreundlich gewesen; Er erinnerte sich gut an die alten Schwierigkeiten, als er versucht hatte, Arthur davon zu überzeugen, seinen Glauben an dieses Mädchen aufzugeben, das ihm vertraute, und mit welch einer Erleichterung hatte er festgestellt, dass alle seine Argumente vergeblich und Arthurs Ehre und Liebe unverwundbar waren. Er war verwirrt und verwirrt, aber auch betrübt über Arthurs schmerzhafte Beschäftigung, da er nicht wusste, was hätte passieren können. Sie machten sich auf den Weg, trotz des Märzwinds, der scharf und scharf über die Vorstadtstraßen wehte.

„Seit Wochen hatte ich nichts, was man einen Spaziergang nennen könnte", sagte Arthur mit fieberhafter Miene, als sie die frische Weite der Gemeinde erreichten, mit den grünen Feldern und Feldwegen dahinter. Die Hecken waren voller Knospen, der Himmel war sanft blau, wo man sie durch die Wolkenmassen sehen konnte, die über das große Gewölbe über ihnen hinwegzogen. Der junge Mann raste wie ein losgelassener Windhund dahin, und sein Freund, frisch aus der Enge der Stadt, hatte Mühe, ihm zu folgen. Während er weiterging, redete er wenig. Ging er so schnell, um einer Sorge zu entgehen, die ihn belastete? Wenn das nicht der Fall gewesen wäre, gäbe es kein anderes Motiv, denn der Spaziergang war gegenstandslos. Ab und zu brach er für einen Moment in Gedanken über die Aussicht aus, die Durant ihm angeboten hatte. „Es wäre das Beste", sagte er, „bei weitem das Beste." Ich muss das auf die eine oder andere Weise loswerden." Dann schwieg er und sagte nach etwa einer Meile wieder zu sich selbst: „Ja, *das* geht nicht – ich muss gehen, das ist klar." Hingehen kann die Rettung sein." Durant wusste nicht, welche unbändigen Sorgen an den Röcken seines Freundes zupften und ihn zu diesen Vorsätzen zwangen; und er selbst sprach ruhig von Oakley, von den Wünschen der Familie dort und von der Eile, mit der sie ihn auf seine Mission schickten, und von all den Erwartungen an Arthurs Rückkehr, die sie bereits zu hegen begonnen hatten. Daraufhin schüttelte Arthur nur den Kopf. „Wird *sie* zustimmen?" sagte er einmal. Würde Nancy zustimmen? meinte er das? Zustimmung! Welche Entschuldigung könnte sie haben, nicht zuzustimmen? Sie gingen in großem Tempo weit und Durant war fast erschöpft. Als er sich dem Haus näherte, blieb er hinter seinem Freund zurück. Es war immer noch ganz dunkel, ein schwacher Feuerschein im Wohnzimmer konkurrierte schwach mit dem Grau der Dämmerung, niemand am Fenster schaute nach ihnen, keine Lampe brannte. „Ist Mrs. Curtis zurückgekehrt?" Arthur fragte das Dienstmädchen, als sie weitergingen, und bekam mit „Nein" geantwortet. Sie gingen in ihren Teil des Hauses, das weiße kleine Wohnzimmer, wo es tatsächlich keine hübschen Anzeichen von Nancys Anwesenheit gab, keine Arbeit oder Bücher, die sie beschädigen könnten Der Raum war recht schmucklos, aber alle Stühle standen an der Wand und das Feuer flackerte schwach im Kamin. Und die Stunde des Abendessens kam, ohne dass Nancy auftauchte. Arthur wurde mit der Zeit immer aufgeregter – und Durant immer überraschter.

„Ist Ihre Frau auswärts essen?" sagte er, als er feststellte, dass sie sich ohne sie an den Tisch setzen würden. Arthur gab keine klare Antwort; sagte er nach einer Weile, als hätte er die Frage zum ersten Mal gehört: „Sie ist bei ihrer Mutter." Er wechselte seine Kleidung vor dem Abendessen nicht und zeigte auch keine Erinnerung an die Notwendigkeit solcher Vorbereitungen, sondern saß am Feuer, antwortete ab und zu vage, wenn sein Freund mit ihm sprach, und zuckte bei jedem Geräusch zusammen.

„Sollten Sie nicht auf Mrs. Curtis warten?" Sagte Durant, als Arthur ihn in das kleine Esszimmer führte.

„Sie ist bei ihrer Mutter", war alles, was Arthur antwortete. Alles in allem war es sehr mysteriös, und Durant konnte nicht anders, als zu spüren, dass Unheil in der Luft lag.

Endlich, als die Uhr zehn geschlagen hatte und Nancy nicht zu sehen war, sprang Arthur auf. „Ich muss sie holen", sagte er, „das geht nie – das geht nie!" Auch Durant nahm mechanisch seinen Hut und sie gingen ohne ein weiteres Wort hinaus in die windige Nacht. Der Himmel schien durch die stürmische Brise, die eine Wolkenmasse nach der anderen über das Blau und über das Gesicht des abnehmenden Mondes trieb, der in Abständen aufleuchtete, nur um dann von den schwebenden Dämpfen wieder verschluckt zu werden, den Himmel zu weiten und zu vergrößern. In der Nacht herrschte eine gewisse Eile, Kälte und Aufregung. Der Weg von Rose Villas in die beleuchtete Straße von Underhayes war dunkel, und der Wechsel von Düsternis und Licht am Himmel machte die Vision unsicher. Durant konnte sehen, wie besorgt sein Freund all die Gestalten betrachtete, denen sie auf der dunklen Straße begegneten; aber Nancy war nicht auf dem Heimweg. Schweigend gingen sie weiter zur Straße, an die sich Durant genau erinnerte, und zur Tür, an der Arthur ihn stehen ließ, als er eintrat. Er hatte schon einmal dort gestanden und die Stimmen im Salon gehört, als er zum ersten Mal hierherkam, um nach etwas zu suchen Arthur; Wie seltsam, jetzt hierher zu kommen, um nach Arthurs entlaufener Frau zu suchen! denn so schien es jetzt zu sein. Er konnte die Stille hören, die auf Arthurs Eintritt folgte – eine Pause, die angesichts der Verwirrung der Stimmen, die zuvor hörbar gewesen war, beeindruckend war. „Ich bin wegen Nancy gekommen", hörte er ihn sagen.

Arthur war ohne jede Frage hineingegangen. Er hatte seinen Freund an der Tür gelassen, ohne daran zu denken oder sich darum zu kümmern, dass ihm vielleicht eine Offenbarung zuteil werden könnte, die Durant besser nicht hören sollte. Er strengte sein Gesicht an, um weder wütend noch ängstlich auszusehen. "Sind Sie bereit?" Er sagte zu seiner Frau: „Ich hätte nicht gedacht, dass du so lange bleiben wolltest."

„Du hast dir nicht viel Mühe gegeben, auf mich aufzupassen", sagte Nancy. „Nein, ich bin nicht bereit. Ich habe nicht vor zu gehen.

"Was meint sie?" sagte er mit zitternder Stimme und wandte sich an Mrs. Bates.

„Oh, Arthur, ich weiß nicht, was sie meint. Sie ist so hitzig und widersprüchlich wie möglich. Sie nimmt die Dinge völlig falsch auf. Du hattest nie vor, sie zu vertreiben, oder? Du hattest nicht daran gedacht, sie zu verlassen – sag es ihr um Himmels willen! Sie wird nicht auf mich hören.“

Außer Mrs. Bates und Sarah Jane war niemand im Salon. Es war eine Nacht, in der der Steuereintreiber damit beschäftigt war, eine seiner Schuldnerlisten zusammenzustellen, und nun versammelte sich dieselbe Partei, die den Streit vom Vormittag miterlebt hatte. Das war einer der Gründe für die plötzliche Stille; Das andere war die Ehrfurcht und das Entsetzen, die über Nancys hartnäckigen Entschluss gekommen waren, zu Hause zu bleiben und nicht mehr zu ihrem Mann zurückzukehren – ein Entschluss, den er schon vorher geahnt hatte und der ihn den ganzen Tag belastet hatte.

„Ich – verlasse sie!“ sagte Arthur, „wie habe ich gesagt, dass es so aussah, als würde ich sie verlassen?“ Nancy, komm nach Hause. Ich war sehr unglücklich, da ich nicht wusste, warum Sie sich von mir ferngehalten haben, und jetzt muss ich Sie um Rat fragen. Komm nach Hause."

„Ich bin zu Hause“, sagte Nancy mürrisch. „Es hat keinen Sinn zu reden. Ich habe meinen Vorsatz gefasst. Geh weg, Arthur, wie du gesagt hast, ich möchte hier bleiben.“

"Was meint sie?" er weinte bestürzt.

"Oh! Ich meine was ich sage. Du hast mir gesagt, dass du gehst. Du hast gesagt, ich könnte kommen, wenn es mir gefällt. Ich – der ich Fremde hasse – ich, nach all den Kränkungen, die du mir zugefügt hast! Aber egal, wie du vorgegangen bist. Ich bin endgültig gegangen. Mutter kann gehen und die Sachen zusammenpacken, die Diener entlassen und dich frei lassen; Aber mir genügt ein Wort, Arthur, du wirst nie Gelegenheit haben, ein anderes zu sagen. Ich rühre mich nicht von hier, es sei denn, Mutter weist mich raus. Und sobald du willst, kannst du gehen.“

Sie sahen sich alle an – die anderen waren blass, Nancy rot vor Aufregung und Leidenschaft.

„Das meinst du nicht so, Nancy“, sagte Arthur. „Du kannst mich nicht für ein voreiliges Wort im Stich lassen; es ist nicht möglich. Ein voreiliges Wort! Wie viele hast du mir gesagt? Komm – komm, du bist wütend; aber wie wenig gibt es, worüber man sich ärgern könnte! „Wir hatten schon früher ernstere Diskussionen“, fügte er mit einem schwachen Lächeln hinzu, „und Sie haben mir viel Schlimmeres gesagt.“

„Es kommt nicht darauf an, was ich gesagt habe, sondern was du gesagt hast. Nein, Arthur, du darfst dir gefallen lassen, was du willst; aber ich werde es nicht ertragen“, sagte sie in der ganzen Unvernünftigkeit der Leidenschaft. „Man könnte meinen, es sei egal, was ich sage; Aber ich denke, es spielt eine Rolle, was du sagst. Nein, ich gehe nicht zurück. Du kannst reden, bis du krank bist – für mich macht das keinen Unterschied.“

„Nancy! Sei nicht so dumm“, sagte Sarah Jane. „Warum, denken Sie nur daran, wie die Leute reden werden. Noch kein halbes Jahr verheiratet und komme wieder nach Hause! Und nach all der Aufregung um Ihre Heirat und dem großen Fang, den wir uns vorgestellt haben. Wenn man darüber nachdenkt, kann man gar nicht so dumm sein.“

„Nancy – Nancy, meine Liebe, du bist unvernünftig! in der Tat bist du unvernünftig – wenn Arthur sagt, dass er es nicht so gemeint hat.“

„Nancy!“ rief der junge Mann, „warum quälst du mich so – was habe ich dir angetan?“ Du machst mein Leben zu einem ständigen Streit. Wir haben nie einen ruhigen Moment. Habe ich es versäumt, dich zu lieben – habe ich nicht in allem an dich gedacht? Du wirst mich verrückt machen, denke ich. Habe ich dich jemals vernachlässigt oder verletzt?“

„Du hast gesagt, du würdest mich verlassen“, sagte Nancy, „das reicht, das habe ich dir damals gesagt. Oh! Niemals soll ein Mensch auf dieser Welt sagen, dass er *mich verlassen hat* ! Ich bin keiner, der im Stich gelassen wird. Geh, Arthur, geh, wohin du willst. Ich bleibe hier.“

„Nancy, Lewis Durant ist an der Tür. Er hat eine Botschaft von größter Bedeutung aus Oakley überbracht.“

„Lewis Durant!“ Sie sprang mit neuem Elan auf die Beine, „das war alles, was gewollt war.“ Glaubst du, ich werde zurückbleiben, um Lewis Durant zu sehen – damit er spionieren und es meiner Lady erzählen kann? Nein, Mama, nein! Das habe ich entschieden. Gute Nacht euch allen. Du kannst tun, was du willst – aber hier bleibe ich.“

Und Nancy schoss gedankenschnell aus ihrer Mitte hervor, während sie alle benommen dastanden, und stürmte aus dem Zimmer und nach oben, wo sie, während sie lauschten, ihre schnellen Schritte über ihnen hörten, die mit Begeisterung durch das kleine Haus gingen, und das schnelle Schließen und Verriegeln der Tür.

Der Schock traf die drei auf unterschiedliche Weise. Sarah Jane begann zu weinen. Zitternd ging Mrs. Bates auf Arthur zu und packte ihn am Arm. Dieser seltsame, schreckliche Vorfall verwandelte ihn von ihrem Schwiegersohn, mit dem sie vertraut war, in den Richter ihrer Tochter, vor dem sie zitterte.

„Oh, Herr Curtis, Herr Curtis!" Sie sagte. „Das Mädchen ist wild und verrückt. Denken Sie nicht zu schlecht von ihr. Es ist wie ein Wahnsinn. Oh, vergib ihr!" Der Mutter war es zu ernst, als dass sie Tränen verspürte.

"Was soll ich tun?" sagte Arthur überwältigt und schnappte nach Luft, als würde er nach Luft schnappen.

„Oh mein Schatz, mein Schatz! Verlasse sie; Sie ist verrückt, sie ist verrückt, sie ist verrückt! Überlassen Sie sie mir, und ich werde sie morgen zu Ihnen bringen, um Sie um Verzeihung zu bitten. Das werde ich tun, Arthur, wenn irgendjemand auf dieser Welt das kann", sagte Mrs. Bates und faltete die Hände.

„Es gibt nichts anderes zu tun", sagte Arthur. Er war so bleich wie der Tod. Es schien ihm schwer zu atmen, als er da stand, erstaunt vor Staunen, gelähmt von dem Gefühl der Ohnmacht in seinem Geist und der schrecklichen Verletzung, die ihm zugefügt worden war. Ein Freund kann einen Freund verlassen, oder sogar ein Kind einen Elternteil; Aber wenn eine Frau, eine sechs Monate alte Braut, ihren Mann auch nur für einen Tag verlässt, selbst im Haus ihres Vaters, ist es, als ob ein schrecklicher Krampf stattgefunden hätte, der die Welt auf den Kopf stellt. Er sagte nichts mehr zu irgendjemandem, sondern ging hinaus, packte Durants Arm, um ihn zu stützen, und ging unter den fliegenden Wolken durch die stürmische, unruhige Nacht nach Hause. Die Nacht war wie sein Geist, von wilden Gedanken heimgesucht, von tiefer Dunkelheit getrübt. Er sagte kaum etwas zu Durant, der alles, was geschehen war, zu ahnen schien, obwohl ihm nichts gesagt wurde. Es war gut, dass er da war. Als sie zur Villa zurückkehrten, der armen kleinen Villa, die ohne Nancy so verlassen und bedeutungslos zugleich war, stieß der junge Mann ein schweres Stöhnen aus, das durch die ärmlichen kleinen Räume zu hallen schien. Könnte irgendetwas diese Tatsache ändern, irgendein Wiederkommen, irgendeine Reue? Seine Frau hatte ihn verlassen. Nancy war zu ihrer Mutter zurückgekehrt. Es mag zwar nur für eine Nacht sein, aber könnte irgendetwas daran etwas ändern? Sein Leben war zum Stillstand gekommen; Kein Make-up könnte daran etwas ändern. So wie er heute Morgen gewesen war, konnte er es nie wieder sein.

Es war Durant, der den Dienern diese kleine Unwahrheit darüber erzählte, warum ihre Herrin fernblieb. Ihr gehe es nicht gut, sagte er, und sie müssten nicht warten, da es zweifelhaft sei, ob sie nach Hause kommen würde. Und er blieb die langen, trüben Stunden bei Arthur, hörte sich in den Pausen etwas von der Geschichte an, die der arme Arthur für beendet hielt: wie sie zusammen gelebt hatten und wie sie sich, soweit er es beurteilen konnte, getrennt hatten. Als die Flut anbrach, war es für Arthur eine Erleichterung zu sprechen. Er zeigte seinem Freund in seiner Verzweiflung alles, was in seinem Herzen war, seine Liebe zu Nancy, die bereit war, alles zu verzeihen, und doch die Wunden, die sie ihm zugefügt hatte.

„Es ist nicht ihre Schuld", sagte er. „Es ist der Mangel an Ausbildung. Sie hat nie erkannt, wofür sie geheiratet hat. Sie denkt, es ging nur darum, glücklich zu sein, geliebt und geschmeichelt zu werden und alles um sich herum glücklich zu haben." Das sagte der arme junge Kerl, als wäre es die beste Ausrede der Welt. „So ist sie erzogen worden. Es ist nicht ihre Schuld. Sie hat weder an mich gedacht noch daran, dass es eine Pflicht gibt; Und sollte ich derjenige sein, der sie an ihre Pflicht erinnert, Durant? Ich wollte nicht, dass sie mich liebte, weil es ihre Pflicht war. Ich wollte, dass sie aus Liebe ihre Pflicht erfüllt", sagte Arthur unbewusst antithetisch. Durant hörte sich alles an und machte nur wenige Kommentare. Wenn er irgendetwas aus Mitgefühl für seinen Freund sagte, was bedeutete, dass er Nancy verurteilte, erhob sich Arthur und unterbrach ihn. „Wie können Sie feststellen, wie sehr sie sich geärgert hat?" er sagte. Erst mitten in der Nacht konnte Durant ihn überreden, zu Bett zu gehen; und zu diesem Zeitpunkt traf Lewis die Trostlosigkeit des trostlosen kleinen Hauses ohne Nancy, das außer Nancy keine Seele und Bedeutung hatte, fast genauso sehr wie Arthur. Arme, kleine, elende Hülle eines Ortes, der seinem Sinn und Nutzen entwachsen war!

Der nächste Tag war ein arbeitsreicher, aber miserabler Tag. Durant war im kleinen Haus der Bates, sobald es am Morgen geöffnet wurde, und hoffte, dass seine Beredsamkeit wirksamer sein würde als die des armen jungen Mannes und dass er Nancy durch ihre Mutter zum Kommen bewegen könnte zurück. Er fand Mrs. Bates sehr besorgt und weinerlich, sehr wohlgesonnen, aber machtlos. Er gab ihr einen Hinweis auf den Vorschlag, den er aus Oakley mitgebracht hatte, und auf die bedingungslose Übergabe der Curtises, die die Mutter ihrer Tochter nach oben brachte, jedoch ohne positives Ergebnis. Später kam er mit Arthur zurück. Nancy blieb oben, sie wollte nicht kommen – und die ganze Familie war gegen sie.

„Ich habe mich nie daran gehalten", sagte der Steuereintreiber. „Das habe ich meiner Frau von Anfang an gesagt. Ich kann es nie ertragen, wenn eine junge Frau sich über ihren Mann beschwert. Mrs. Bates ist eine zu freundliche Mutter, das ist es."

Diese Dinge drangen fast unbewusst in Arthurs Herz ein; dass seine Frau sich die ganze Zeit über über ihn beschwert hatte; dass von den Vorteilen der Ehe die Rede gewesen sei und dass Nancy gehofft habe, dass es ihr gut gehe und dass sie gut zusammenpassen könne, und dass sie ihn mit dieser Absicht geheiratet habe. All diese Dinge gingen ihm tief ins Herz. Stimmte das, oder war das alles die Wahrheit? Man kann nicht sagen, dass er es glaubte, aber es wirkte auf ihn, als ob er geglaubt hätte, und brachte eine Mischung aus Schmerz und Bitterkeit mit sich, gegen die er in diesem

Moment nicht ankämpfen konnte. Den ganzen Tag über kamen und gingen sie ständig und flehten sie an, zurückzukehren; Aber als eine weitere Nacht kam und die langsamen Stunden mit den gleichen Aufregungen wie zuvor vergingen – ohne sie oder die Hoffnung auf sie –, erstarb jedes Gefühl einer möglichen Erneuerung aus diesen hastigen jungen Herzen, und die Trennung schien vollständig.

ENDE DES ZWEITEN BANDES.